『安邦武将』系列

ZHONGZHEN-BUYU
YUANCHONGHUAN

忠贞不渝 袁崇焕

姜正成 / 编著

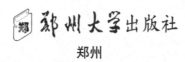

郑州大学出版社

郑州

图书在版编目（CIP）数据

忠贞不渝——袁崇焕 / 姜正成编著 . —郑州：郑州
大学出版社，2018.1
　（安邦武将）
　ISBN 978-7-5645-4251-1

　Ⅰ . ①忠… Ⅱ . ①姜… Ⅲ . ①袁崇焕（1584—1630）
– 传记 Ⅳ . ① K825.2

中国版本图书馆 CIP 数据核字（2017）第 078742 号

郑州大学出版社出版发行
郑州市大学路 40 号　　　　　　　邮政编码：450052
出版人：张功员　　　　　　　　　发行部电话：0371-66658405
全国新华书店经销
虎彩印艺股份有限公司印制
开本：710 mm×1 000 mm　1/16
印张：12.25
字数：164 千字
版次：2018 年 1 月第 1 版　　　　印次：2018 年 1 月第 1 次印刷

书号：ISBN 978-7-5645-4251-1　定价：43.80 元
本书如有印装质量问题，请向本社调换

前　言

　　袁崇焕（1584年—1630年），字元素，号自如，广东东莞人。万历四十七年中进士。明末著名政治人物，文官将领。就是这样一个文弱书生，却成名在金戈铁马的战场上，后世只知道他是一位了不起的大将、英雄，却忘记了他曾经是一位斯文的书生。正是这样一位书生，他带领官兵们打了好几场胜战，曾指挥了宁远大战和宁锦大战的胜利，攻破了女真族不败的神话。

　　在明朝这样一个腐败的时代里，任何人都是不幸的。袁崇焕在经历了这么多的胜仗之后，仍然无法摆脱朝代的束缚，最终还是蒙冤而死。

　　袁崇焕的死，一是因为皇太极的反间计、党争激烈、奸臣当道、温体仁等人的诬陷，二是因为崇祯皇帝的刚愎自用和多疑，三是因为袁崇焕自己的个性。作为武将的袁崇焕并不太了解为官之道，他虽是文官出身，但只做过两年的文官，而且还是小小的七品知县。不仅如此，就连做朝臣的时间也很短，因此，他并没有经历过朝廷中的种种钩心斗角，对党争也没有什么切身的体会，他以为所有的人都和他一样，不拘小节，一心为明朝的兴衰而奋斗。他只知道在战场上浴血奋战，只知道为了解决士兵的吃饭问题而不怕得罪皇帝，为了救驾而不顾自己的安危；他不知道要奉承当权者，要逢迎皇帝，他更不知道皇帝早已看他不顺眼，惧怕他手里的兵权和他在军队中的威望，并因此最后将他杀死，加速了明朝的灭亡。

身处在这样一个黑暗的环境里，袁崇焕五年复辽的满腔热忱和一心报国的决心还没有实现就已经随风而去了。

袁崇焕的性格，成就了他为坚持真理而不怕披荆斩棘，不怕承担责任，不怕得罪上司，甚至不怕违逆天颜。袁崇焕的这种性格，既成就了他的丰功伟绩，也造成了他的人生悲剧。袁崇焕之死，不仅是他个人的悲剧，更是大明王朝的悲剧。袁崇焕以陨星的悲鸣与光亮，划破君主专制沉寂与黑暗的天庭，换来千万人的智慧与觉醒。

乱世造就了英雄袁崇焕，也陨灭了英雄袁崇焕的一生！

但是，冤屈总有被洗刷干净的一天。在乾隆四十九年，乾隆帝下诏为袁崇焕平反。袁崇焕的历史冤案终于真相大白。

第一章 时代英雄——少有大志中进士

其实，袁崇焕从求学时代起，就开始关心国家大事了。在袁崇焕成长的岁月里，正是女真逐步崛起的时候，也是明神宗万历皇帝执政的时代。他虽身在南国，却一心念着辽东的失地。每当放学回家路经土地庙时，他总要在庙前驻足，面对土地神，常常念念有词地说："土地公，土地公，为何不去守辽东！"

第二章 为官一方——救民于水火之中

袁崇焕在经过长达 13 年，连续 4 次科举考试之后，终于考上了进士。他终于如愿以偿，可以为国家分忧了。在中进士第二年，他被朝廷任命为福建邵武知县，但是他忧国忧民的心，一直惦记着遥远的辽东。终于，在天启二年的时候，他入京受考核，被伯乐——御史侯恂识中，将他推举入朝，不久将出守自己日思夜想的辽东。

第三章 昏庸的皇帝——明朝走向下坡路

在神宗这样一个贪婪、懒惰皇帝的背景下，袁崇焕明白个人的志向总脱离不了社会和形势的需要，否则，就会生不逢时。袁崇焕对军事的热忱与抱负，并不是一时的冲动，也不是纯粹的个人爱好，而是与当时的乱世危局息息相关。这就是袁崇焕生活的那个年代。乱世当头，袁崇焕投笔从戎，毅然选择了以武救亡的人生道路。

第四章 宁远大捷——破女真不败神话

在萨尔浒大战中，明朝的军队三战三败。使主动的局势转成了被动。宁远城也因此陷落，顷刻间，京城人心惶惶，山海关也危在旦夕。就在这时，袁崇焕被迅速提拔为山东按察使佥事、山海监军。从此，开始了悲歌式的传奇人生。

第五章 宁锦大捷——出奇制胜再挫敌

宁远大捷之后，袁崇焕迅速升为右佥都御史。随后，为了争取时间整顿军队和规划防御措施，袁崇焕只好与后金辗转在战与和之间。皇太极在经过长时间的议和中没有等到自己想要的结果。于是在天启七年五月六日，决定以战求和向宁锦攻来。没想到再次大败而归。

第六章 衣锦还乡——归隐山林放异彩

　　袁崇焕在立了大功之后，本以为能得到赏赐，没想到却只涨了一级的俸禄。更让他没有想到的是魏忠贤还派人弹劾他，这论谁也不能接受。袁崇焕在这样的情况下，感到从未有过的悲凉。于是他称养病，辞职回家了。

第七章 督师蓟辽——重整军队塑精兵

　　在多人的建议下，崇祯终于决定再次起用袁崇焕。袁崇焕为了实现自己的志向，他便离别好友，进京朝觐皇上。袁崇焕刚一复出就给了崇祯一个惊喜，他说五年之内便可以复辽。五年时间还没到，他就先后错杀了良将，遭到了皇太极的反间计，落得了悲惨的结局。

第八章 含冤而死——遭人陷害被磔示

　　袁崇焕为明朝立下了汗马功劳，没想到却遭到了朝臣和崇祯的怀疑和嫉妒，最终被捕下狱，最后惨遭磔示。日落西山的明王朝杀了自己的救命恩人，从此失去了这位为了国家不顾生死的大将，加速了自身的衰亡，最后被清朝灭亡。

第一章

时代英雄——少有大志中进士

其实，袁崇焕从求学时代起，就开始关心国家大事了。在袁崇焕成长的岁月里，正是女真逐步崛起的时候，也是明神宗万历皇帝执政的时代。他虽身在南国，却一心念着辽东的失地。每当放学回家路经土地庙时，他总要在庙前驻足，面对土地神，常常念念有词地说：「土地公，土地公，为何不去守辽东！」

 **不幸的时代**

这是一个风云变幻的年代，东北地区的女真族崛起，北部边疆蒙古游牧民族虎视眈眈，东面隔海相望的倭寇也随时想攻击大明王朝的属国朝鲜，西南地区的安南也早已脱离了明王朝的统治。

明朝曾经为了辽东的边事错杀了两个人：一个是努尔哈赤的父亲塔克世，而另一个就是蓟辽督师袁崇焕，从而引发出一连串的历史事变。万历帝误杀了塔克世，塔克世是努尔哈赤的父亲，所以，努尔哈赤含恨起兵，成为明亡清兴的历史关键点；而崇祯帝杀了袁崇焕就是自毁长城，加速了明朝的灭亡。通俗地说，万历帝误杀了塔克世，是大明皇朝自己制造了焚烧朱家皇朝大厦的纵火者；而崇祯帝错杀了袁崇焕，就是大明皇朝又自己杀死了保护朱家皇朝大厦的救火者。袁崇焕是努尔哈赤的克星，而皇太极又恰恰是袁崇焕的克星。

袁崇焕一生第一大历史功绩就是在宁远大战中取得了胜利。他之所以会在宁远大战中取胜，用他的话来说就是"凭坚城以用大炮"。这个历史经验概括得很确切，也很精辟。袁崇焕获得宁远大捷，自然有其政治的、军事的、策略的、思想的、经济的、地理的、民族的、文化的、指挥的、武器的原因；然而，袁崇焕取得宁远大捷的主要经验，可以概括为两句话、八个字，这就是："指挥正确"与"武器先进"。

袁崇焕在宁远大捷之后，又在宁锦大战和京师大战相继取胜。宁远、宁锦、京师三次大捷，奠定了袁崇焕在明朝和在历史上的地位。袁崇焕的感人之处既有他的丰功伟绩，更有他的品格和精神。

袁崇焕的精神，主要包含有爱国、勇敢、求新、清廉。"或问天下何时太平，文臣不爱钱，武臣不惜死，天下太平矣！"这句话用在袁崇焕身上再合适不过了。袁崇焕的确做到了——当文官不爱钱，做武官既不爱钱又不怕死。他能够爱国亲民，任劳任怨，知难而上，敢于创新。他居官十年，热血沸腾，俭朴清廉，兢兢业业，勤勤恳恳，坦坦荡荡，其"父母不得以为子，妻妾不得以为夫，手足不得以为兄弟，交游不得以为朋友"。

袁崇焕是明末清初中国政治、军事舞台上一位伟大的爱国者、杰出的军事统帅和著名的民族英雄。他崇高的精神、勇敢的品格、顽强的意志、求新的态度、清廉的作风、骄人的业绩，在中国文化史上和人类文明史上，都是汗青留名，千古永垂。

袁崇焕的祖父袁世祥、父亲袁子鹏，一直世居在广东东莞水南袁屋坪（今广东省东莞市石碣镇水南村）。水南村东临东江，山清水秀，林木葱郁，风光绮丽。袁崇焕的祖父从东莞乘船，顺溯两江——东江与西江，到广西梧州府（今梧州市）藤县、平南，从事木材、药材生意。后来开设店铺，盖房定居。袁崇焕的父亲子鹏，子承父业，落籍藤县。袁崇焕在青少年时期经常随家人乘船往返于西江上，求学探亲，游览风光。

袁崇焕出生于一个农民兼商人的家庭。农民的勤劳与朴实，商人的睿智与机变，两种文化，两种性格，两种教养，两种熏陶，都对袁崇焕的性格产生了很大的影响。袁崇焕在家庭的影响下，既不想种地务农，也不愿奔走行商，而有志于读书上进，求得功名，光宗耀祖，为士做官，报效社稷。青少年时代的他，聪明伶俐，胆大果敢，身体矫健，读书刻苦。

袁崇焕雕像

袁崇焕，字元素，号自如。"焕"是指火光的意思，是明亮显赫、光彩辉煌的象征；而字元素中的"素"指的是直率、质朴，是自然的本性。他的一生就像熊熊大火一般，我行我素的性格和挥洒自如的作风，也可以证明他的确是人如其名。这样的性格，和他所在的不幸的朝代形成了强烈的矛盾冲突。

古希腊英雄拼命挣扎、奋斗，最终却也因为敌不过命运的束缚而垮了下来。而打击袁崇焕的不是命运，而是时势。虽然，在某种意义上来说，时势也就是命运。像希腊史诗与悲剧中那些英雄们一样，他轰轰烈烈地战斗了，但每一场战斗，都是在一步步走向不可避免的悲剧结局。

袁崇焕是一个真正的英雄，大才豪气，即使是他的缺点，也像英雄一样惊世骇俗。他比那些虚构的英雄人物更具有英雄气概。

袁崇焕的性格像是一柄锋锐绝伦的宝剑。当清和升平的时候，他悬在壁上，不免会在中夜自啸，跃出剑匣。在天昏地暗的乱世，他则在屠龙杀虎之后，最终寸寸断折。

这个不幸的时代，是数十年腐败达于极点的政治措施所累积而成的。明朝的衰亡也是这样的。明朝时期重文轻武，军队的统帅基本都是文人出身，比如袁崇焕，也是进士出身。文人中出现一个真正的帅才很不容易，而明朝的运气很不错，明末抗清时有三个名将，功勋卓著：熊廷弼是万历二十六年的进士，孙承宗是万历三十二年的进士第二名 (榜眼)，袁崇焕是万历四十七年的进士。

明朝的战略基本上是属于防守型。这也是袁崇焕能够用几千名士兵防守住清兵十万大军的原因，但是在野战的时候，明朝优势兵力却难以击败清兵。明朝的长城是很有名的，长城就是典型的防守型战略思维的产物。明朝后期缺乏积极进取的皇帝，所以，从战略上谈不上积极进取是很正常的事情，加上体制和实力的约束，后期已经无法开展进攻战了。所谓明朝的超级装备，在某些条件下都变成了不利的因素。火炮是从外国传来的，而制造这些装备需要大笔的开销，为了避免损耗和外流，一般这些装备都要保存起来，不让使用。可是到了战争的时候，士兵根本就不会使用这些火炮，经常发生击中自己人的事件。更可笑的是，府库管理竟然由太监把持，要使用火炮抗敌，还要向太监们行贿才行，否则一切免谈。于是军事技术上的进步完全被政治的腐败抵消了。可见政治上的腐败完全能够抵消军事实力、军事装备的优势。这个时候军事上的优势甚至变成了危害自身的劣势。从战略上看，这些战争在没打之前就已经胜负分明了。如果不改变明朝腐败的制度，或者说不改变专制的制度，纵然是积累了战术层面上的胜利，也只是苟延残喘而已。明朝的腐朽注定了它的没落。明朝的溃败不是靠某个英雄就能够挽救的。那是一个悲剧的时代，注定了英雄悲剧的命运。

少有大志

袁崇焕，字元素，号自如，汉族人，明朝万历十二年 (1584 年) 四月二十八日出生。袁崇焕原来有一个相当不错的家境。祖父袁世祥是一个买卖公平的木材商人，父亲袁子鹏也算是子承父业，崇焕的叔父袁玉佩做过平乐府推官，还有一位堂兄袁崇茂中过秀才。兄弟三人，哥哥崇灿，弟弟崇煜。当袁崇焕在关外时，大哥崇灿在故乡逝世。三弟崇煜随着袁崇焕在军中办事，后来也告辞回乡。袁崇焕从宁远送他到山海关而分手，写了两首诗给他，说："边疆需要人守御，升平还没有得到，我早已决心报国，安危去留的问题不必提了。"他们家虽谈不上人丁兴旺，但是还是可以的，袁家本应向富户迈进，可惜的是西右江的水竟是"一年三浑浊，丽载十不平"。

袁崇焕出生的地方是水南村，南靠风景秀丽的东江河。万历年间，这里的水路交通最为重要，从水南村南岸流过的东江河，是当时村民们通向外面世界的唯一途径。东江岸边，袁崇焕出生之时有一个小庙叫三界庙。这个庙是当时生活在船上的水上人家和刚离水上岸定居的人们共同的神庙。庙中供奉一神灵，人称"三太公"，三太公神位旁配有两盆缠着小青蛇的小榕树。这个小庙与袁崇焕之间有很多的传说。

传说，袁崇焕小的时候背上长了毒疮，久治不愈。他的母亲叶氏就去三界庙拜神祈福。在祈福的时候，看见小庙已经很破了，还在漏雨，雨水滴落在三太公的背上，将三太公的背滴出了一个洞。叶氏便找来泥水匠修好了瓦屋，填补好了三太公的背，三界庙就不再漏雨了。随后，袁崇焕背上的毒疮也好了。于是村里人感到非常奇怪，都觉得袁崇焕就是三太公的化身。

袁崇焕非常有胆略，喜欢和人谈论军事，遇到年老退伍的军官士卒，总是向他们询问一些边疆的军事情况。在年轻的时候，他就有志于去处理边疆事务。

他少年时便以"豪士"自居，喜欢旅行。中了举人之后再考进士，多次落第，每次上京应试，总是乘机游历，几乎踏遍了半个中国。他最喜欢做的事就是和好朋友通宵达旦地谈天说地，谈话的内容也往往是一些兵戈战阵上的事情。

在他小时候，祖父和父亲带着全家人来到了山清水秀的广西藤县，袁家每年在此采木加工放成木排沿江而下，其经商的精明和务实很快地遭到当地人的嫉恨和排挤。当地官员对袁家加重税收，没有办法，原先放排的雇工只好辞退。袁崇焕本来一到藤县平南就在童子试上考中了弟子员，也就是秀才，但马上就遭到了同学们的攻击。在私塾里，桌子无端地由四条腿变成三条，走在回家的路上，总会有一两颗来历不明的石子打中自己的后背。

一天他终于鼓起勇气对父亲说："父亲，孩儿不想再上学了。"

父亲一听，说："不上学？那怎么行，孩子，袁家将来最有前途的就是你了，你看崇煜的脑瓜子也机灵，你若是不思进取，会给弟弟带来不利的影响。事情再难总会过得去，就是我袁家砸锅卖铁也要供你上学。"

袁崇焕本来就是个孝子，对父亲的话向来是言听计从，唯独这一次，袁崇焕嘟着小嘴，憋得脸通红，忍不住说："他们天天骂我广东佬！还合起伙起来欺负人。"

袁父沉默了半晌。看着长子稚气未脱的容颜，心里十分后悔举家搬迁。心想，孩子懂事了。

"父亲，让孩儿去放排吧，反正家里人手不够，孩儿也有了一把力气。"袁崇焕诚恳地请求道。"不行，"这时，袁崇焕的母亲从厨房中走出来，一面解下系在腰间的围裙，一面向袁父投去制止的眼神，"不求功名倒也可以，但也不能从事这种危险的行当，孩子这么小，身子又弱，万一有个好歹……"，说到这里，袁母双眼一红，似乎说不下去了。

袁崇焕道："母亲，就让孩儿去吧。"他想，刚来到藤县的时候，他就听私塾的老师讲，此处并不是求学之地，他真想回到广东东莞的老家去，诅咒、嘲弄、攻击等都使自己再也不能安静地待在学堂中。

"母亲，孩儿大了，我需要去做活，我更想有时间练习生疏的武功。"说着，袁崇焕挥动着胳膊。"母亲，我自己感到，学文不是孩儿的唯一选择，练好身体也免得当地人欺侮咱们。"在学堂所受的委屈，他向来是放在心里的，但是他从不对父母说起，怕父母担心。

"不行，孩子，你必须回到学堂，家里就算是有千难万难，有我们做父母的顶着。"母亲一转身，又回厨房忙活去了。袁子鹏也不再说什么。

整整缠了父母三天，直到袁崇焕把在学堂的遭遇和先生的话都告诉父母之后，袁子鹏才对伤心不已的妻子道："我看，还是依了孩子的愿望吧。"

此时，做母亲的又能说些什么呢？

辍学后的袁崇焕一面跟着绑扎木排，一面研习武术，他东借西凑了几本武学书，便带着兄弟崇灿、崇煜和几个邻居的孩童练起武术来。

岁月更迭，时光流逝。袁崇焕武艺渐长，好在他放排的西右江两畔完全是尚武的生活环境，这对袁崇焕有很大的影响。

万历二十六年的仲春，祖父袁世祥和父亲袁子鹏终于接了一笔大买卖，要把一大批木料放排到官南镇，再转旱路运往北方，这笔木材生意的成功与否对袁家的能否振兴起着至关重要的作用。本来，袁崇焕是要跟去的，恰巧，袁崇焕的叔父袁玉佩这时特地从平南推官任上卸职休养，他就利用这段空暇从广东来到广西藤县看望家里的人，当他得知袁崇焕弃文习武并从事买卖木材行当时，大为生气，劈头盖脸地把袁崇焕训斥了一番：你这样做是在荒废你自己。叔父袁玉佩毕竟是官场中人，他的训斥让袁崇焕第一次感到了天下还有那么多的事要去做。袁玉佩又说服了袁崇焕的祖父和父亲，两人早就想让袁崇焕重归课堂，当即留下袁崇焕，只带着哥哥崇灿前往。

后来，袁玉佩在袁家西厢房内，做了私塾先生，一时间，周边邻里的几个年纪相仿的孩子都集中到这里，上午学文，苦读"四书""五经"，下午则练武，南拳北腿的功夫，刀枪剑戟的招式都得到了系统的演练。袁崇焕的身子硬朗了，学问长进了，武艺也提高了。

一天，袁崇焕正和少年死党谢尚政、洪安澜在村头的空地上讲习武艺。谢尚政的一个动作一下子把洪安澜摔个狗吃屎，谢尚政看到洪安澜的样子，一边大笑不止，一边拉着袁崇焕指着洪安澜说道："崇焕哥，你看安澜，样子多可笑。"

袁崇焕却拽出了他的手，绷着脸说："尚政，你的动作是不是不规矩？哪能乘人不在意的时候，就来个黑狗穿裆呢。"

受到袁崇焕的指责后，谢尚政脸红了，连忙跑过去，扶起洪安澜。洪安澜却说："崇焕兄，不能埋怨尚政哥，你想，若是真的在两军阵前，敌人可不管你注意力集中了没有。你不是经常说，'兵不厌诈，人无固定的战法'吗？没事，尚政哥，我们再来。"

袁崇焕望着憨厚的洪安澜，心里暗暗赞同。他经常把洪安澜和谢尚政做比较：谢尚政比较机灵，脑筋活，鬼点子多；而洪安澜呢，憨直实在，有股韧劲。这些人和自己都是志同道合的，形成了一个以自己为中心的小群体。自从私塾退学之后，在这一带，还真的没有几个人敢小视他们，袁崇焕有种小小的满足感。

从袁玉佩的口中，袁崇焕了解到了大明朝的形势。他知道，他正生活在边患严重、国家多事的时代。他出生的那年，刚好离戚继光、俞大猷在广闽边境剿灭倭寇不久，他对倭寇在东南沿海大肆杀掠愤恨不已，对戚继光、俞大猷等英雄人物崇拜得五体投地。而此时，他又了解到，在大明朝的北部，有一个女真族，就是宋朝时专和大宋皇朝打仗的金人后代，正在东北一带悄悄兴起，并且把势力由苏子河流域

时代英雄——少有大志中进士

向南扩展至佟家江流域。首领叫努尔哈赤，正雄心勃勃地想吞并大明江山。袁崇焕心目中的英雄岳飞成了他效仿的榜样。

但是，若要效仿岳飞精忠报国，必须武艺精进，而且熟读兵法。因此，袁崇焕硬是缠着袁玉佩叔叔教他们《孙子兵法》，而袁玉佩却提出个条件，那就是经书和兵书同时学，每天必须要做一篇文章，把习文、习武的心得记录下来，袁崇焕答应了。

 高中进士

袁崇焕参加科举考试不是很顺利。明清时期，科举盛行，加上水上人家地位的卑微，袁崇焕的父亲袁子鹏非常希望他们兄弟能出人头地，跻身士流，改变自己现在的身份。潜质较好的袁崇焕当然就担起了这一重任。然而，由于当时阶层划分特别严格，水上人家要想取得科举考试的资格是非常艰难的。为了袁崇焕能取得这一资格，袁子鹏索性就经常在广西这个文化较为落后、常常鼓励外地人进入的地方行商，以其学额应试。袁崇焕十一二岁的时候，他的父亲袁子鹏就将他带到了这里参加平南县试。袁崇焕不负父亲的厚望，考试成绩确实不

错，但被当地读书人告发，考试成绩最终被宣布无效。随后，父亲又将其籍贯改为藤县，再次应考，这次才终于考上了秀才。

明朝的科举制度是先做童生。要想做童生，必须要通过考试取得秀才资格。考前报名时要填写籍贯、三代履历、同考五人联保，还要请一位廪生做保。然后要经过县考（知县主持）、府考（知府主持）、院考（省学政主持），考中者为秀才，才算有了资格成为县学或府学的生员，这实际上只是一种入学考试。袁崇焕于万历二十五年（1597 年）补为弟子员，时年 13 岁。

秀才是科举取士制度的第一关，是社会向上流动必须经过的第一道阶梯。袁崇焕取得了这一资格，就算是迈出了通向仕途的第一步，也开始具备士绅的身份。随后，袁崇焕又开始准备乡试，向举人的头衔迈进。

乡试是每三年一次，在秋天举行，所以也称"秋闱"，考试的地点在省城桂林，由主考官主持，考试 3 场，每场 3 天，考中的为举人。万历三十四年（1606 年），袁崇焕在广西桂林丙午科乡试中，考中举人。这年他才 22 岁。对当时的全国生员来说，考中举人是一件值得高兴的大事。举人每科名额，各省数量不同，人数不多，读书之人，皓首穷经，很难得中。《儒林外史》中的范进，因考中举人，高兴得发了疯。这个例子说明：中举，既是科举考试的一件大事，也是科举之人的一件喜事。清朝《聊斋志异》的作者蒲松龄，19 岁中秀才后，参加乡试，屡试屡败，"三年复三年，所望尽虚悬"，到老也没有考中举人。袁崇焕 22 岁中举，年龄不算太大，是比较早就得到了功名的。所以，袁崇焕也高兴了一阵子，并写了一首诗。

秋闱赏月

战罢文场笔阵收，客途不觉遇中秋；月明银汉三千里，歌碎金风十二楼。

竹叶喜添豪士志，桂花香插少年头；嫦娥必定知人意，不钥蟾宫任我游。

这首诗中表现了袁崇焕的欣喜与豪迈之情，颇有"春风得意马蹄疾"的感觉。

袁崇焕中了举人之后，也像其他举人一样，要参加会试。会试，也是每三年一次，在乡试的第二年春天举行，又称"春闱"，考试的地方是在北京的贡院，由礼部主办，皇帝特派高官主考。外省来京应试的人朝廷还给路费、驿马，踌躇满志、风风光光地进京。考场叫贡院，考生入号，关门上锁。考试 3 场，每场 3 天。袁崇焕中举后，继续读书，参加会试，但很不顺利，屡考不中。袁崇焕连续 12 年，有 4 次机会，都没有取得进士的功名。也就是说，他从中举人到中进士，中间经过了 13 年。

连续十几年都没有考上，论谁都不能高兴。袁崇焕也一样。于是他又写下了一首诗《落第》。

遇主人多易，逢时我独难。八千怜客路，三十尚儒冠。

出谷莺偏媚，还枝鸟亦安。故园泉石好，归去把渔竿。

这首诗表现出了袁崇焕当时情绪低落至极，溢于纸面。

他虽萌生归园钓鱼的闪念，但实际并未气馁，而是愈挫愈奋，更

忠贞不渝

袁崇焕

加努力，积极进取，一定要金榜题名。"皇天不负苦心人"，袁崇焕会试考中，成为贡士。接着，再参加最高一级的考试——殿试。

明朝的科举制度，进士和乡试、会试一样，也是每三年考一次，进士分为会试、殿试两次考试。会试的日期是在二月初九开始，十五日结束。三月初一殿试，也称廷试。万历四十七年（1619年），袁崇焕在北京通过会试和殿试（廷试），考中万历己未科进士。这一科的状元是庄际昌，所以万历己未科进士又称"庄际昌榜"进士。虽然这时候的袁崇焕不年轻了，但也正当壮年，得中进士之后，他的人生才算是真正地展开了。从此，他将一展宏图，在历史上写下壮丽的一笔。

袁崇焕青少年时，便以豪士自许。他所写的《秋闱赏月》中"竹叶喜添豪士志，桂花香插少年头"，就是诗证。他考进士的时候多次落榜，每次上京赶考，他总是沿途游历，足迹几乎踏遍了半个中国。他说："十四公车，强半在外，足迹几遍宇内。"他喜欢游历，在《募修罗浮诸名胜疏》说："余生平有山水之癖，即一丘一壑，俱低回不忍去。"他喜欢同好朋友谈天说地，纵论山川形胜、兵戈战阵之事。

袁崇焕中进士的这一年、这一月，中国历史上发生了一件大事：明朝辽东经略杨镐于二月誓师辽阳，三月四路丧师。这就是明清之间在辽东大地上进行的萨尔浒之战，结果明军大败，后金军大胜。

萨尔浒大战，从某种意义上来讲，既决定了明朝的历史命运，也决定了袁崇焕的个人命运。袁崇焕这个向来关心国事、边事的新进士，心情一定很复杂。他那时在北京，一定也听到了不少辽东战事的消息。

袁家先祖来自北方，是南迁人氏。万历四十四年（1616年），袁崇焕的堂叔袁玉佩中了进士，比袁崇焕中进士早三年。堂兄袁崇茂也是秀才。袁家出了两个进士一个秀才，成了当地名副其实的书香人家。

时代英雄——少有大志中进士

袁崇焕身材短小而且精悍，动作敏捷；好谈天下大事，说得尽兴时还会手舞足蹈。清朝官方编撰的《明史》则称赞袁崇焕为人慷慨，很有胆识。袁崇焕的上司、与袁崇焕合不来的辽东经略王在晋曾说，在当时众多边关大将中，无论是胆量气魄还是志向才华，袁崇焕都是出类拔萃的，并称赞袁崇焕富有光明磊落的品格和宽阔容人的胸襟。

后来袁崇焕蒙冤被杀，当时全国上下不明真相，都认定他是勾结外敌的"汉奸"，因此无论是时人议论还是史官记录，实际上都把他抹黑了。

广东、广西都是袁崇焕的故里。准确地说，东莞是他的出生地、原籍地；藤县则是他的成长地、寄籍地。当时的藤县、平南县盛产木材，经营木材生意的袁子鹏大约在 1586 年就带着 2 岁的儿子袁崇焕和其他家人迁居广西。因此，袁崇焕的少年时代就是在广西藤县天平乡莲塘村（与平南县接壤）度过的，举人资格也是在广西考取的。

当时，长期在外生活的官商人家子弟，由于来不及赶回原籍地应考，冒充客居地籍贯参加科举考试是常有的事。万历二十五年 (1597年)，13 岁的袁崇焕起初在平南县报名参加童生考试，被人揭发后，才随祖父和父亲到藤县应试，中了秀才。其中的缘故已经没法搞清了。万历三十四年 (1606 年)，22 岁的袁崇焕又以藤县籍生员身份到桂林参加广西的乡试，考中举人。这是光宗耀祖的大事，当年他就与家人返回久别的东莞老家祭扫祖坟，并作了一首诗，题为《登贤书后回东莞县谒墓》，开头就写道："少小辞乡国，飘零二十年。"从 2 岁离开东莞到异乡考中举人，时间正好相隔了 20 年。在以后许多场合，袁崇焕反复表明自己是东莞人，《明史》及袁崇焕身边的知己好友与部将对此也是一致肯定的。因为举人是在广西考中的，在个人科举档案里也就留下了"藤县籍贯"的记录，明代部分史书就此认定他是藤县人。不管是东莞人还是藤县人，袁崇焕都是地地道道的岭南人。

一方水土养育一方人。要真正了解这位370多年前的岭南爱国英雄，我们还得先了解生他、养他的岭南的自然人文环境。

五岭逶迤峻峭，横亘在两广与湖南、江西交界地带，形成一道天然屏障，将岭南与中原相隔绝。在交通不发达的古代，岭南是一块封闭、偏僻、遥远而令人生畏的土地。清朝以前，这里一向都是历朝历代贬谪官员、流放重犯、发配充军的首选地。

其实，岭南是我国原始文明的发源地之一。1958年考古学家在今曲江马坝发现的"马坝人"头骨化石，证实13万年前中华民族的祖先就在这里繁衍生息。三皇五帝时代，这里生活着被中原称为"南蛮"的古老越族人。2200多年前，秦始皇统一中国，在岭南设置桂林、象、南海三郡，岭南开始与中原同属于统一王朝的版图。因为远离当时的政治经济文化中心，岭南在各方面的发展都比较迟缓。

西晋以后，兴起了几次移民浪潮。特别是在唐代，不堪北方战乱之苦的中原人士不断翻越五岭，南来定居。加上韩愈、苏东坡等贬谪到岭南当地方官，实实在在做了不少事情，促进了岭南社会文化的进步。据统计，宋代珠江流域的书院（古代的学校）已占到当时全国书院的21%；到明代，这一数量已占到全国的30%，总量跃居全国第三位。

唐宋以来，科举考试在岭南受到重视，不断有读书人考中进士，闯进封建王朝的政治文化中心圈子。唐代著名宰相张九龄、北宋工部尚书余靖等，都是可圈可点的政治家兼文化名人。明代中期，又出现了著名学者、理学家陈白沙。作为北方移民的后代，袁崇焕高中进士固然是其家族对文化教育重视的结果，但同时也与明代岭南社会文化的进步有着密不可分的关系。

　　尽管如此，与中原地区及江南地区相比，岭南地区杰出人才的数量还是比较少的，更谈不上人才辈出了。在中原及北方人士看来，岭南人仍是"南蛮子"。唐初，六祖慧能到湖北黄梅东山寺五祖弘忍门下学习佛法，初次见面就被称为"猫獠"（音同葛老，西南夷的一种，泛称未开化的岭南人）。到明末，袁崇焕仍然被崇祯皇帝称为"蛮子"。岭南社会文化总体面貌的落后仍然没有根本改观。但是，岭南面临广阔的南海，自古以来就有海洋的优势。发达的海上航运与商业经济，造就了岭南文化胸襟广阔的海洋气派，也造就了岭南人没有束缚与禁忌、敢闯敢干、一往无前的性格。这是岭南人的"精神脐带"，无论走到哪里，都难以割断。这样，才有了袁崇焕的慷慨、豪气和胆识。可以说，袁崇焕身上比较典型地体现了岭南的民性。

　　以考试方式选拔官员的科举制度，产生于隋朝而完善于唐朝，到明朝时已经日趋僵化。当时，考试以"四书"（《论语》《孟子》《大学》《中庸》）"五经"（《诗经》《尚书》《礼记》《周易》《春秋》）的文句为题，文章格式是八股文，引经据典必须依据朱熹《四书集注》等官方指定的著作。州县一级选拔秀才，各省每三年举行一次乡试，从秀才中选拔举人，朝廷相应地每三年举行一次会试，从举人中选拔贡士，然后经皇帝殿试从中选拔进士。明代及清代的进士分三榜公布，称为"三甲"。一甲只录取状元、榜眼、探花各一人，赐进士及第；二甲录取若干名，赐进士出身；三甲也录取若干名，赐同进士出身。

　　当年的殿试，三榜（甲）共录取进士345名，袁崇焕排在三甲第28名。除了袁崇焕外，同年的二甲进士马士英（明代六大奸臣之一）、三甲进士孙传庭都是明末知名人物。清兵入关后，马士英在南京拥立福王建立南明政权，任东阁大学士，与阉党残余分子阮大铖相勾结，排斥陷害抗清大将史可法，导致南明政权短命而亡，马、阮留下了千古骂名。任陕西巡抚、总督的孙传庭，积极镇压陕北农民起义军，在崇祯十六年（1643年）李自成攻破潼关时，被农民军击毙。袁崇焕13岁踏上科举考试之路，22岁就中了举人，到35岁才高中进士，让人不得不感叹，科举考试真的是"赚得英雄尽白头"。寒窗数十载，一朝跃龙门，袁崇焕终于跨过人生一道门槛，实现了一次大转折。

第二章

为官一方——救民于水火之中

袁崇焕在经过长达13年，连续4次科举考试之后，终于考上了进士。他终于如愿以偿，可以为国家分忧了。在中进士第二年，他被朝廷任命为福建邵武知县，但是他忧国忧民的心，一直惦记着遥远的辽东。终于，在天启二年的时候，他入京受考核，被伯乐——御史侯恂赏识中，将他推举入朝，不久将出守自己日思夜想的辽东。

邵武任知县

　　僵化的明代科举考试除了充当仕途敲门砖外，实在没有什么济世救国的意义。那些进士们虽然个个满腹经纶，但高中之后，身处官场，大多数人还是按部就班享安乐，碌碌无为混日子。

　　与众不同的是，袁崇焕胸怀强烈的建功立业抱负，不爱文章爱"武经"。早在科举考试期间，他就喜爱阅读各种兵书，钻研军事谋略，常常与人谈论行军布阵。特别是遇到长年服役退伍还乡的当兵人士，他总会缠着问这问那，觉得格外亲切。军队制度、边防布局、关隘地理分布，只要是涉及军事国防的一切，他都十分关心。这样用心钻研，日积月累，袁崇焕的军事识见日益增长，对当时明朝的军事问题了解较深，而且很有见地。他也很自负地声称，自己是一块带兵打仗镇守边关的料。

　　泰昌元年（1620 年），36 岁的袁崇焕被明王朝廷派往福建邵武任知县，正式开始官场生涯。

　　邵武，位于福建西北部、武夷山南麓，素有"南武夷"之称，风

景秀美，它西部与江西交界，是江西入闽的重要通道，所以，它成为兵家的必争之地。因地势险固，易守难攻。因此，历史上亦有名之为"铁城"者。历史上，这里被定位为民情质朴、少涉诉讼的易治之地。袁崇焕到任之时，也有这样的感觉。他有一首诗《初至邵武》是这样写的：

为政原非易，亲民慎厥初。山川今若比，风俗更何如。
讼少容调鹤，身闲即读书。催科与抚字，二者我安居。

这首诗虽然简洁，没有什么典故，但却非常清晰地表达了刚成为一县之主的袁崇焕初次为官的心情和感受。诗中，袁崇焕表达了自己为政亲民的愿望，也表达了他要亲民的决心。既要关心了解民情风俗，也要熟悉当地的地理环境，只有这样，才有可能把不太容易做好的地方官做好，做得更加完美。袁崇焕在邵武任职时间不过一年多，其间，他除了考察当地风俗民情之外，主要工作都落实到了催征税粮与抚慰百姓这两个方面上，而因为邵武民情质朴，不少县令为官一方时最为头疼的讼案处理却不是他工作的重点。因此，邵武任职期间，袁崇焕还有一些空闲的时间，可以用来读书问学、栽花种草、饲养宠物，颇有怡然自得之感。只是辽东战事一直牵动着他的神经。

袁崇焕任邵武知县期间，留下的史料非常有限，主要的就是《初至邵武》和《至闽谒大府》这两首诗。

至闽谒大府

侵晨持手版，逐队入军门。衙鼓三声急，官仪一面尊。

人情今未熟，政事昔曾论。私谒吾何敢，归来夜未昏。

这首诗表达了袁崇焕形象中的另一面。此诗表面上写的是袁崇焕是一个中规中矩、小心行事的地方官员。但仔细一看，字里行间表现的却是他心中所隐藏的别样心情。表现出了袁崇焕心里对上司既怕又不怕的矛盾心理，有点狂傲不羁。看得出来，他是一个有愿望进仕却又不善钻营的人，想跟上司搞好关系，却又不知从何下手。因此，他的心情极其低落。

袁崇焕在邵武任知县上，通过自己的诗作，塑造了一个对下亲民勤政，对上规规矩矩的地方官员形象，实际上，也显示出了他畏惧上司且不善钻营的形象。

袁崇焕是一个尽职尽责、为民办事的好官。曾经有一次，邵武城里发生了火灾，袁崇焕出来救火，着靴上墙屋，如履平地。在传统的中国，知县为七品官员，亦是一方的诸侯，县城中失火，像袁崇焕这样亲自出马、亲身救火的县官并不多见，袁崇焕爱民之心可见一斑。

袁崇焕除了尽心尽力为民办事之外，还热心于当地的文化事业。他为邵武"聚奎塔"题写塔名，并以此地聚会英才，成为历史的佳话。

聚奎塔位于福建邵武和平镇天符山，塔呈六角形，是用砖、木、石混合而成的。建于天启元年（1621 年），即袁崇焕任邵武知县的第二年。袁崇焕所书写的"聚奎塔"三字苍劲有力，刚挺浑厚，字形端庄矫健，颇有一股凛然正气。从书法的轻重缓急、疏落有致来看，袁崇焕写的这三个字还不算是极品，但从这三个字的气度而言，却显得沉稳而刚强，显示出了袁崇焕的性格特点。

袁崇焕在上任邵武知县后，做了五件重要事情。

第一，救民水火。袁崇焕体察民间疾苦，救民水火之急。乾隆《邵武府志》记载：袁崇焕"素捷有力，尝出救火，着靴上墙屋，如履平地"。这说明身为县令的袁崇焕，不摆官架子，不搞特殊化，视同布衣，救火为民。在皇朝时代，作为一县的父母官，能亲自上房，为百姓救火，这确实是难能可贵的。

第二，平反冤狱。在袁崇焕接任知县之前，前任知县留下积案、冤案。袁崇焕到任之后，有冤屈县民到县衙申诉。袁崇焕接到诉状后，微服私访，仔细查证，秉公办事，折狱公断，平反错案，为民申冤。

第三，关心辽事。袁崇焕中进士那年，明军在萨尔浒之战中四路大军两双败北；任邵武县令那年，明军丢掉辽东重镇沈阳和辽东首府辽阳。其时，明廷朝野震惊，京师九门昼闭。明朝辽军的败报，不断传到福建邵武。这就使得忠于社稷、胸怀大志、满腔热血、图复失地的袁崇焕，于公务之暇了解边事，偃文习武，志图报国。袁崇焕虽身在"八闽"，却心系辽东。他为人机敏，胆壮，喜交友，善骑艺，好谈兵。夏允彝《幸存录》记载，袁崇焕"为闽中县令，分校闱中，日呼一老兵习辽事者，与之谈兵，绝不阅卷"。袁崇焕了解辽东边事，为后来的军旅生涯做了初步的准备。

第四，聚会奎英。袁崇焕企盼做一番大事业，就要联络、组织志同道合者，为他们共同的理想而奋斗。他在走上仕途的第一站——任邵武知县，便为以后要迈越的征途铺垫基石。袁崇焕在邵武招纳的军人罗立，后在固守宁远之战中发挥了很大的作用。

第五，题词高塔。袁崇焕在邵武为民救火、平反冤狱、关心辽事、聚会奎英的文物标志，是他题写塔名的聚奎塔。在邵武县西南 42 公里处的和平里（今邵武市和平镇），其西南 15 公里处有座天符山，聚奎塔就建在天符山上，为六角五层高塔，建于天启元年即天命六年（1621 年）。塔为砖木石混合结构，底层塔门镶嵌黑砚石门额，上面书写"聚奎塔"三个大字。其上款题为"天启元年秋月吉旦"；下款题为"赐进

福建邵武聚奎塔

士第知邵武县事袁崇焕立"。塔额中题"聚奎塔"三个字，阴文，颜体，行楷，舒朗，苍劲，刚挺，圆浑，流畅。这方题刻，字迹清晰，完好无损，是至今袁崇焕留下唯一可信的极为珍贵的墨迹与文物。

"聚奎塔"三个字是否为袁崇焕亲笔题书？今邵武市所立《聚奎塔修缮记》撰者认为，"塔名系民族英雄袁崇焕于天启初任邵武知县时书题"。《邵武市第三批文物保护单位聚奎塔》撰者也认为，"天启元年知县袁崇焕题塔名"。根据是：第一，袁崇焕时任邵武县令，为当地最高行政长官；第二，袁崇焕支持修建聚奎塔，自愿应请题写塔名；第三，塔额系袁崇焕所立，有下款题记为证；第四，邵武是闽北文化繁盛之区，曾出名臣李纲、文学家严羽，宋代就出了 251 名进士，袁崇焕系进士出身，题书塔名为父望所归；第五，袁崇焕以知县的身份、进士的名望，理应由其题书塔名；第六，袁崇焕为建于明代通往聚奎塔的古桥地父母官，如由官位、声望出其右者题书塔名，定

会在塔额下款志记；第七，袁崇焕以"聚奎"名塔，同其聚会奎英、报效社稷的志趣相符；第八，袁崇焕为人谦恭，如果是由他人题书的塔名而不落款题记，似有掠美之嫌。根据以上八点，整合分析，可以确定：福建邵武"聚奎塔"之塔名，是由时任邵武知县的袁崇焕所题书。

聚奎塔的重要价值有如下几个方面：

一是历史价值。袁崇焕作为中华五千年文明史上的伟大英雄，由于他死得惨烈，加上专制淫威，至今没有见到一件关于他的确无争议的书法真迹。中国有造假文物的传统，连儒家经典古文尚书都敢伪造，遑论其他！但是，聚奎塔耸立于闽北偏乡僻壤，在 1990 年修缮前，塔额字迹已漫漶不清，近世以来无人知其由袁崇焕题书塔名。在这次修缮时，邵武文物专家傅唤民先生等见由袁崇焕题书塔名，著文介绍，并在塔南的《聚奎塔修缮记》碑及文物保护碑上做了文字说明。这是 20 世纪关于袁崇焕文物最重要的发现，对于研究袁督师的性格、思想、功业、书法及与之相关的历史问题，有着广泛的意义。

二是思想价值。"聚奎塔"的"聚"字，据许慎《说文》："聚，会也。"《史记·天官书》："五星皆从而聚于一舍。""聚奎塔"的"奎"字，指的是奎宿。奎宿为天庭二十八宿之一，其一说主文运，故学人拜天之楼为奎星楼(又作魁星楼)；其另一说主库兵，《后汉书·苏竟传》载"奎为毒螫，主库兵"，李贤注曰："奎主武库之兵也。"袁崇焕以"聚奎"二字名塔，其含义可诠释为会聚天下之文武英才。此塔没有以"报国""报恩"为名，而以"聚奎"为名，这充分说明袁崇焕有着朴素的民本思想。这是他关怀民生、救民水火，进而投笔从戎、图复辽疆的思想底蕴。

三是文物价值。明代留下的塔现存不少。北方的塔，砖石结构为多；南方的塔，木结构的不少。但像聚奎塔那样砖、木、石相混合结构的塔，并不多见。聚奎塔以其砖、木、石相混合的结构，为明代塔的研究多提供了一个范型。

四是艺术价值。塔中的题字，尤以"聚奎塔"三字为佳，是一份明代书法艺术珍品。塔中券门、券窗之砖雕，简洁疏朗，技艺纯熟；龛内的佛像，造型典雅，质朴慈祥；龛顶花卉，雕朴无华，图案清晰——是明代闽北民间工艺的精品，也是明代南方民间工艺的佳作。

进京朝觐

在邵武任知县的时间匆匆而过，天启二年（1622年）正月，三年邵武知县的任期到了，袁崇焕按照惯例进京朝觐，接受"大计"考评。此时，袁崇焕已经38岁了，这次的朝觐使袁崇焕的命运发生了巨大的改变。

"大计"是明代地方各级官员的考核制度，每三年举行一次，由县、州、府、道、司层层考察属员，汇总后由总督、巡抚最后考核，送呈吏部。当时，对京官的考核制度称为"京察"，每六年举行一次。无论是"大计"还是"京察"，都有详细的考核标准，把结果分成不同等级，优秀的受到奖励提拔，不合格的受到降职处分。地方官员经"大计"确认，才能和政绩都是优秀的，就会被评定为"卓异"等级，往往晋升一级回原职等候升迁；不合格的就要被弹劾降职；介于优秀与不合格之间的称为"平等"，不升不降。在"京察"中评定为一等次的翰林院官员，往往会加以重用，被派到各地出任知府或道员；在"京察"中被罢免的官员，很少有复出任职的机会。

在邵武三年知县任上，袁崇焕始终保持着亲民作风，深入民间，兢兢业业。县内发生火灾，他身着官服冲在前面，亲自扑救。老百姓有冤情，他尽心尽力公平审断，邵武的官司纠纷大大减少，征税顺利，百姓安居乐业。因此，在首任知县"大计"考核中，袁崇焕被评定为"卓异"等级，得到提拔。这一"大计"佳绩，也有东林党人的一份"关照"。

袁崇焕的主考官是监察御史侯恂，考核谈话时，袁崇焕把他在福建时对辽东前线情况的了解以及与老兵所谈辽边的方略，毫不避讳地说了出来，并且真切地表现了自己对辽东边防以及国家前途的忧心。

侯恂，河南商丘人，后官至户部尚书，是明末清流东林党人之一，也是明末复社"四大公子"之一，清初文学"三大家"之一，《桃花扇》男主人公侯方域的父亲。侯恂可算得上是慧眼识英雄之人，不仅袁崇焕是他提拔的，此后的名将左良玉也是他提拔的。他想不到一个地处东南的县令竟对辽东边事有如此深刻的了解和见识，所以，对袁崇焕的军事才能大为赞赏。恰好这时辽东边关急需人才，因此，侯恂就想提拔袁崇焕从文官的知县转去从事与军事相关的工作。于是，侯恂上疏天启皇帝，请求升袁崇焕，让他入兵部就职。

上疏的内容如下：东北边防之重镇镇武大营已经全部溃败，另一重镇广宁之存亡也危在旦夕，若广宁不守，则山海关将会受到震撼，山海关不能巩固，京城将受到动摇，现在应当紧急救援广宁，以保卫京城门户——山海关，从而保护京师，保卫皇上，此事一刻都不能推迟。目前，谣言不断，人心不稳，兵部亦当出示榜文，告谕军民不得轻信讹言而纷纷逃窜，在此风鹤惊惶的时刻，更要镇定自若。此混乱之时，多奸细丛杂，缉防之令更需加以申饬。平祸定乱，必须借助有谋之臣、勇猛之将……现在朝觐之邵武知县袁崇焕，英风伟略，不妨留用在兵部供职。

侯恂上疏后不久，袁崇焕就由七品知县升为六品兵部职方主事。袁崇焕的命运从此发生了巨大的转变，他人生的舞台即将从远离京城的东南地区转移到烽火弥漫的辽东战场，其英雄人生即将开始。

东林党人开始于明神宗万历中期（1601年前后）的党争，是加速明朝衰落的重要因素之一。当时，明神宗刻意要立自己的宠妃郑贵妃所生的皇子朱常洵（神宗三子，后受封为福王，府邸在洛阳，1641年被李自成农民军击毙）为太子，遭到许多正直朝廷官员的强烈反对，最后被迫立出身低微的宫女王恭妃所生的长子朱常洛（后来即位为光宗）为太子。为此，许多官员被神宗罢免。其中，吏部文选郎中顾宪成罢官回到无锡老家后，联络了高攀龙、钱一本等好友，到当地的东林书院讲学，每年一次大聚会，每月一次小聚会。一些不得志的在野知识分子闻风响应，朝中一班与他们观点相同的官僚士大夫也遥相呼应，东林书院渐渐成了议论朝政得失的社会舆论和政治中心。这些不满当时政治腐败、要求改革弊政的政界或知识界人士，在社会上赢得

为官一方——救民于水火之中

了"清议"的美誉，声望很高，被反对他们的人称为"东林党人"。与此同时，以内阁首辅、浙江宁波人沈一贯为首结成的"浙党"，联合"齐党""楚党"等地缘官僚帮派势力攻击东林党人，相互之间不断交锋，党争愈演愈烈。

在党争中，"京察""大计"常常成为斗争工具。当时，由吏部尚书、都察院左都御史、吏科都给事中、河南道御史和吏部文选郎中主持考核大权。这些位置上的人是哪个派系的，那个派系就占据上风，乘机排斥异己、打击政敌。如万历三十九年 (1611 年)，东林党、浙党人士分别把持了北京、南京"京察"的主动权，结果都大肆驱逐对方的官员。万历四十五年 (1617 年)，浙党官员把持"京察"，将东林党人几乎全部驱逐。天启三年 (1623 年)，东林党人主持"京察"，反过来也大肆报复。

袁崇焕首任知县"大计"，正是次年东林党人主持"京察"前夕，东林党人在福建地方官员"大计"中把持了说话权，袁崇焕遇到人生路上的"伯乐"——东林党人、福建道御史侯恂。

御史是明朝很有分量的官职。当时，朝廷设立都察院、六科作为监察机构，掌管百官监察大权。都察院的主要官员有：正二品的左、右都御史，正三品的左、右副都御史，正四品的左、右佥都御史。内设经历司、司务厅、照磨所、司狱司，以及正七品的浙江、江西、河南、山东、福建、广东、广西、四川、贵州、陕西、湖广、山西、云南等十三道监察御史 110 人。又设六科，各设都给事中 1 人，左、右给事中各 1 人，给事中 4 至 10 人不等，分别监察吏、户、礼、兵、刑、工六部的政务、用人、文件等事宜。有时，总督、巡抚、经略、总理、赞理、巡治、抚治等非常设的外派官员也加挂都察院官衔，明

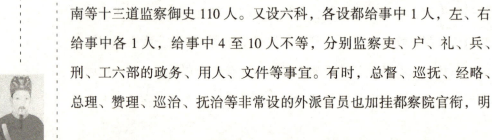

忠贞不渝

袁崇焕

朝后期这类情况特别多。十三道监察御史除了直接监察本道范围内的地方官员外，还分工监督各部京官，职权范围相当广泛。如福建道御史对口协助户部的监察。作为皇帝耳目，六科都给事中和十三道监察御史虽然只是七品官，但拥有直接弹劾或推荐官员的大权，为许多七品以上官员所害怕。侯恂就是其中的一位。

"大计"期间，袁崇焕凭着实绩，加上良好的口才和多年积累的军事见识，得到侯恂的格外赏识。经侯恂鼎力推荐，袁崇焕并没有回原职等待升迁，而是被朝廷破格调进兵部任职方主事。

吏、户、礼、兵、刑、工六部是明朝中央政府的主要权力部门，而掌管人事大权的吏部、掌管财政大权的户部和掌管军事大权的兵部，是六部之中的要害部门。兵部主要官员有：正二品的尚书一人，正三品的左、右侍郎各一人。下设司务厅和武选、职方、车驾、武库四个司，各由郎中一人、主事二人负责工作。其中，职方司掌管测绘军事地图、确定官兵编制、设立或废除军事要塞、兴修城防设施、征调训练兵士、制订战守谋略等事务，职责相当重要。主事虽然只是个正六品的官，但职位重要，晋升的机会很多。这是一次难得的机遇，而最令袁崇焕心满意足的莫过于找到了自己梦寐以求的"用武之地"。高中进士三年来韬光养晦的袁崇焕终于迎来了大展拳脚的机会，实现了人生的又一次大转折。

其实，袁崇焕一生从未参加过任何党派，也没有被列为东林党人。但袁崇焕高中进士那年，会试的主考官韩爌是东林党骨干人物，有东林党"智囊军师"之称。在科举时代，无论是举人还是进士，都称主考官为"师座"，自称"门生"，形成一种特殊的师生关系。不论本人是否主动攀附，多少都会得到主考官的眷顾，也自然会被政界视为主考官的亲信或者圈子里的人物。因韩爌的缘故，袁崇焕从中进士步入政坛的那时起，就与东林党发生了割不断的关系。这种关系既给他创造了擢升兵部施展才华抱负的机会，后来也曾给他带来麻烦，甚至罢官与最后被杀的悲剧也与东林党有着说不清的关系。

第三章

昏庸的皇帝——明朝走向下坡路

在神宗这样一个贪婪、懒惰皇帝的背景下，袁崇焕明白个人的志向总脱离不了社会和形势的需要，否则，就会生不逢时。袁崇焕对军事的热忱与抱负，并不是一时的冲动，也不是纯粹的个人爱好，而是与当时的乱世危局息息相关。这就是袁崇焕生活的那个年代。乱世当头，袁崇焕投笔从戎，毅然选择了以武救亡的人生道路。

明朝灭亡的开始

神宗年号万历，是明朝皇帝中在位时间最长的一个，他一共做了48年的皇帝。正是因为他做皇帝的时间实在是太长了，所以他对国家和人民所造成的祸害也是巨大的。他死的时候享年58岁，本来还不算老，他的祖宗明太祖活到71岁，成祖65岁，世宗60岁。可是神宗却未老先衰，后来更是变本加利地抽上了鸦片。鸦片并没有缩短他的寿命，却毒害了他的心灵，腐蚀了他的灵魂。

然而在万历初年，却是中国历史上最光彩辉煌的时期之一。近代中西学者研究瓷器及其他手工艺品，有这样一个共通的意见：在中国国力最兴盛的时期，所制作的瓷器也是最精彩的。所以，万历年间的瓷器和珐琅器的灿烂华美和精巧雅致，都是罕见的。因为万历朝最初的十年是张居正当国，他是中国历史上难得一见的精明能干的大政治家。

张居正生于1525年，汉族人，祖籍是湖广江陵（今湖北省）。字叔大，少名张白圭，又称张江陵，号太岳，谥号"文忠"。他5岁入学，7岁就能通六经大义，12岁就中了秀才，16岁中举人。是中国历史上最优秀的内阁首辅之一，是明代最伟大的政治家、改革家。

神宗即位的时候只有10岁，什么都不懂，一切听从母亲的安排。两宫太后都很信任张居正，政治上权力极大的司礼太监冯保又被张居正笼络得很好，这些有利的条件加在一起，张居正便可以放手去办事。明朝自明太祖晚年起就不再有宰相，张居正是大学士，名义是首辅，其实就等于是宰相。

从万历元年到万历十年，张居正的政绩可以说是灿然可观。他重用名将李成梁、戚继光、王崇古，这让入侵的北方少数民族（蒙古人）每次都大败而归，只好安分守己地和明朝进行和平的贸易。南方少数民族的武装暴动也一一让他派人平定了。国家繁荣富强，储备的粮食可用10年，库存的盈余也超过了全国1年的岁出。交通邮传也办得井井有条。清丈全国田亩面积，使得税收公平，不再像以前那样由穷人负担过重的钱粮而官僚豪强却不交税。他全力支持工部尚书潘季驯，将泛滥成灾的黄河与淮河都治理得非常好。

那时候，中国是全世界最先进、最富强的国家。欧洲的文人学士每每提到中国的时候，都面露羡慕之情，无不钦慕向往。他们佩服中国的文治教化，佩服中国的考试与文官制度，佩服中国的道路四通八达，佩服中国的老百姓生活得比欧洲贫民好得多。

中国的经济也在迅速发展，手工业和技术都非常先进。在15世纪时，中国是世界上最重要的产棉区之一。由于在正德年间开始采用了越南的优良稻种，农田加辟，米产大增，尤其是广东一带。因为推广种植水稻，水田中大量养鱼，疟蚊大减，岭南向来称为瘴疠的疟疾已不像过去那样可怕，所以两地的经济文化也开始迅速发展。

可是由于君主集权的绝对专制制度，再加上连续四个昏庸腐败的皇帝，将这富于文化教养而勤劳聪明的人民和这举世无双的富强大国推入了痛苦的深渊。

张居正于万历十年逝世，20岁的年轻皇帝独自亲政了。皇帝追夺了张居正的官爵，将他的家产全部充公，家属也充军了，而且还将他的长子逼得自杀。

神宗之"神"

中国历史上的昏君大都是有一些小聪明的，隋炀帝、宋徽宗、李后主，都是文采斐然。明神宗也是相当聪明的。而明神宗的聪明之上，所附加的不是文采，而是不可思议的懒惰和贪婪。在那个时候，皇帝懒惰算不上是太严重的毛病，因为他是皇帝。他只需要任用一两个能干的大臣，把一切事情都交给他们去办就可以了。然而神宗不仅懒惰，还要抓主权，几十年来，他不但自己不办事，也绝对不让大臣替自己办事。这在世界历史上都是绝无仅有的。

做了皇帝的神宗，要什么有什么，但他所要的，偏偏只是他最不需要的金钱。如果他不是一个皇帝，那么他一定是一个成功的商人，他的血液中有一股不可抑制的贪性。他那些祖宗皇帝们有的阴狠毒辣，有的胡闹荒唐，但没有一个像他这样难以形容的贪婪。

皇帝贪钱，最方便有效的办法当然就是加税了。但是神宗所加的税并不充入国库，而是收入自己的私人库房，称为"内库"。他加紧征收商税，这是本来就有的，除了书籍与农具不用交税之外，一切商品交易都要收税百分之三。他另外又发明了一种"矿税"。大批没有受过教育又因身体上的残废而导致心理上多多少少不正常的太监，便成了皇帝私人征税的代表，出去到四面八方收矿税。只要"矿税使"认为什么地方可以开矿，就要当地的所有人交矿税。这些太监们无恶不作，他们带领大批流氓恶棍，到处敲诈勒索，乱指人家的祖宗坟墓、住宅、商店、作坊、田地下有矿藏，要交矿税。结果天下骚动，激起了数不尽的民变。这些御用征税的太监权力极大，自然就不把律法看在眼里，往往擅自拷打和乱杀文武官吏。有一个叫高淮的太监奉旨去辽东征矿税、商税，搜刮了士民的财物数十万两，逮捕了不肯缴税的秀才数十人，打死指挥，诬陷总兵官犯法。神宗很懒，什么奏章都不理会，但只要是和矿税有关的，御用税监呈报上来，他立刻就批准。搜刮的规模之大实在是骇人听闻。在万历初年张居正当国之时，全年岁入是400万两左右，皇宫的费用每年有定额120万两，已经占了岁入的三分之一。可是单在万历二十七年的5天之内，就搜刮了矿税商税200万两。这还只是缴入皇帝内库的数目，太监和随从吞没的钱财，要比这数字大得多。据当时吏部尚书李戴估计，缴入内库的钱只有十分之一，太监克扣的有十分之二，随从瓜分的有十分之三，流氓恶棍乘机向良民勒索的有十分之四。

和神宗的贪婪列排其名的是他的不理朝政。在他28岁那年，大学士王家屏就上奏章说："一年之间，臣只见到天颜两次。"他偶然提出一些建议，也和别的官员的奏章一样，但皇上完全不予理会。这种情形渐渐地越来越严重，到了万历四十二年，首辅叶向高奏称：六部尚书中，现在只剩下一部有尚书了，全国的巡抚、巡按御史、各府州县的知事已缺了一半以上。他的奏章写得十分激昂，说现在已经中外离心，京城里的人民怨声载道，大祸已在眼前，皇上还自以为不见臣子是神明妙用，神宗的这一做法可以称得上是掩耳盗铃了，恐怕自古以来的圣明帝王都没有这样的妙法吧。神宗抽饱了鸦片，已经火气全无。这样的奏章，如果落在开国的太祖、成祖手里，叶向高非被杀头不可。但神宗只要有钱可赚，给大臣讥讽几句、甚至骂上一顿，都是无所谓的。

　　万历年间的众大臣们真正可以算得上是知无不言，言无不尽了。他们中有人上奏说：皇上这样搞法，势必民穷财尽，天下大乱；有人说陛下是放了笼中的虎豹豺狼去吞食百姓；还有人说一旦百姓造反，陛下就算满屋子都是金银珠宝，又有谁来给你看守？有的指责说，皇上欺骗百姓，不免类似桀纣昏君；有的直指他任用肆无忌惮之人，去干没有天理王法之事；有的责备他说话毫无信用。臣子居然胆敢这样公然上奏痛骂皇帝，不是一两个不怕死的忠臣骂，而是大家都在骂，这也是空前绝后、令人难以想象的事。然而言者谆谆，听者藐藐，神宗对这些批评全不理睬，就跟没听见一样。正史上的记载往往说"疏入，上怒，留中不报"。留中，就是不批复。或许是他懒得连罚人也不想罚了，因为罚人也总得下一道圣旨才行。但直到他死，拼命搜刮的作风却也丝毫未改。同时为了对女真用兵，又一再增加田赋。皇帝搜

昏庸的皇帝——明朝走向下坡路

刮的所有钱财都存于自己的私人库房（内库），政府的公家库房（外库）却总是不够用，结果造成内库太实，外库太虚。在这样穷凶极恶的压榨下，百姓的生活当然是痛苦不堪到了极点。

神宗除了专心搜刮之外，对其他政务始终是绝对的置之度外。万历四十三年十一月，御史翟凤羽中的奏章中说："皇上不见廷臣，已有二十五年了。"

就在这时候，女真开始崛起。万历四十五年，努尔哈赤以七大恨告天布民，进兵抚顺。从此，后金与明朝在辽东地区，展开正面的军事冲突。明朝所谓"辽事"，就是从抚顺之役开始的。

努尔哈赤生于嘉靖三十八年（1559 年），属于建州女真。祖父觉昌安、父亲塔克世被明辽总兵李成梁杀死后，努尔哈赤就继承了祖父的职位及父亲留下的 13 名甲士，于万历十一年起兵，立志要为父亲和祖父报仇，随后统一了建州各部。明朝廷开始封努尔哈赤为都督金事，掌建州左卫之印，作为努尔哈赤掌管卫事、朝贡、通朝鲜的凭证。同时，努尔哈赤第一次入明京城朝贡，从此，建州女真与明朝的朝贡贸易和马市贸易日益扩大，力量也日益剧增。

当努尔哈赤兴起之时，明朝宫廷却极其腐败。著名的"三案"——"梃击案""红丸案""移宫案"，就是明朝黑暗腐败的一个缩影。万历帝晚年为立太子事感到非常烦恼。他在犹豫之下，立朱常洛（光宗）为皇太子。而倍受宠爱的郑贵妃不愿意立朱常洛为太子，想立自己生的儿子为太子。万历四十三年（1615 年），张差手执木棍，闯进太子（朱常洛）居住的慈庆宫，打伤守门太监，被捉拿后供出系由郑贵妃手下太监引进。时人怀疑郑贵妃欲谋害太子。万历帝与皇太子朱常洛不愿深究此事，就以疯癫奸徒的罪名杀张差于市。这就是"梃击案"。万历四十八年（1620年），万历皇帝病死，太子朱常洛继位，改年号为泰昌，就是光宗或称泰昌帝。但是，泰昌帝继位刚一个月，吞下红丸而死。这就是"红丸案"。紫禁城内，一月之间，梓宫两哭，前后大丧，接连发生。泰昌帝死后，天启帝当立。抚养他的李选侍（时宫中有二位李选侍，此人称为西李）与心腹宦官魏忠贤，想利用天启帝年少的机会，居乾清宫，把持政权。大学士刘一燝、吏部尚书周嘉谟、兵科都给事中杨涟、御史左光斗等疏请李选侍不能与天启帝同住一宫，迫使她迁居哕鸾宫，不久又移居仁寿殿。尔后，天启帝举行即位仪式。此事后来引发复杂的宫廷斗争。这就是"移宫案"。"梃击案""红丸案""移宫案"三案，闹得宫廷内外，朝野上下，相互厮杀，乌烟瘴气。

而此时，边关将士将正全力应对蒙古各部的入侵，对于刚刚崛起的女真族也无暇顾及。努尔哈赤正好抓住这一机会，一边表面上对明朝称臣，一边却着手内部的建设。

昏庸的皇帝——明朝走向下坡路

第四章

宁远大捷——破女真不败神话

在萨尔浒大战中，明朝的军队三战三败，使主动的局势转成了被动，宁远城也因此陷落。顷刻间，京城人心惶惶，山海关也危在旦夕。就在这时，袁崇焕被迅速提拔为山东按察使金事、山海监军。从此，开始了悲歌式的传奇人生。

满族的兴起

女真族是祖国民族大家庭的成员之一，是居住在我国东北白山黑水之间的一个古老民族。

女真族的一支，即完颜部，曾建立金朝，与南宋对峙，占半壁山河。元太祖成吉思汗兴起于蒙古草原，发展实力，骑兵强大，攻打金朝的都城——中都（今北京）。贞祐三年（1215年）五月，蒙古骑兵攻占中都后，纵火焚烧宫殿："可怜一片繁华地，空见春风长绿蒿。"三百年后，女真后裔满族崛起，成为明朝的东北边患。

女真族在明代时期分为三大支——建州女真、海西女真和东海女真。建州女真明初主要生息繁衍在牡丹江与松花江汇流处地域。永乐二年（1404年），明朝设立建州卫，封女真胡里改（火儿阿）城万户阿哈出为建州卫指挥使。这是建州女真名称的由来。永乐十年（1412年），明朝增设建州左卫，封建州女真另一首领斡朵里城万户猛哥帖木儿为建州左卫指挥使。正统七年（1442年），明朝分建州左卫，析置建州右卫，以猛哥帖木儿异父同母弟、都督凡察掌建州右卫事。于是，形成建州卫、建州左卫和建州右卫。建州三卫，经过转徙，先定居在今辽宁省桓仁县浑江（佟家江）地域，后定居在浑河支流苏克素浒河（苏子河）灶突山（烟筒山）赫图阿拉（今辽宁省新宾满族自治县永陵镇老城村）地域。

赫图阿拉北临苏子河，四周环山，气候温和，雨水充沛，宜于农耕、牧猎、种植、采集、捕鱼。赫图阿拉地近辽阳、抚顺，又为群山阻隔。这里东隔鸭绿江、图们江通朝鲜，西接辽河平原，受东西两面农耕文化影响，农业发展较快。又与蒙古、朝鲜、明朝贸易，购进铁器、耕牛、布帛、器皿，卖出人参、马匹、皮张、蘑菇、木耳，互通有无，扬长补短。所以，赫图阿拉成为后金的发祥地。

建州三卫相邻而居，部族兴盛，势力渐大，逐渐形成两大部——建州部和长白山部。建州部又分为苏克素浒河部、浑河部、完颜部、董鄂部和哲陈部；长白山部则分为讷殷部、朱舍里部和鸭绿江部。当时建州各部的形势蜂起，皆称王争长，互相战杀，甚至骨肉相残，强凌弱，众暴寡。

明朝辽东总兵李成梁，利用蒙古与女真、海西女真与建州女真以及建州女真内部的各种矛盾，纵横捭阖，分化瓦解，拉拢亲近，利诱威胁，以实现明廷对辽东地区各少数民族的统治。女真首领不断到辽河平原"犯抢"，明军也不断反击。到万历十一年（1583 年）二月，发生了古勒寨事件。这件事成为明朝与女真关系史上的一个转折点。

其时在建州女真诸部中，以王杲势力最强。王杲为建州右卫指挥使，史称他"生而黠慧，通番、汉语言文字，尤精日者术"。他勇敢多谋，武艺超群，兼通女真语和汉语，成为当时建州女真的著名首领。王杲称雄诸部，辽东大震。明万历二年 (1574 年)，王杲以明廷断绝贡市、部众坐困为借口，大举犯扰辽阳、沈阳。李成梁督兵进剿王杲所在的古勒寨。但寨在山上，形势阻险，城高坚固，易守难攻。李成梁率领6万车骑，携带炮石、火器，分路围攻王杲寨。明军先挥斧砍断数重城栅，又用火器进攻。王杲督领守寨军兵，施放矢石，奋力据守。李成梁令军士冒矢石，攀险崖，登寨垣，强仰攻。王杲以三百勇士守城堞，固御守，射明军。明军纵火，寨内房屋、粮秣焚毁，烟火蔽天，守军大溃。李成梁令明军纵击，"毁其巢穴，斩首一千余级"。王杲势穷，突围遁走。明军车骑6万，杀掠人畜殆尽。翌年，王杲再出兵犯边，为明军所败。王杲兵败无依，逃到觉昌安六弟宝实之子阿哈纳寨隐匿。后明军得讯前来攻捕，阿哈纳穿戴王杲蟒裍红甲，伪装掩护王杲出逃。王杲投奔海西女真哈达部首领王台。王台一向忠于明朝，缚王杲，献朝廷。明万历三年（1575年）八月，万历帝御午门城楼，受辽东守臣献俘王杲，命将其"磔尸剖腹"。这就是史籍记载的建州女真首领王杲被"槛车致阙下，磔于市"。王杲为努尔哈赤的外祖父，王杲之死在少年努尔哈赤的心灵里埋下了对明朝不满的种子。王杲之子阿台，在危难中逃脱而去。努尔哈赤父亲塔克世、祖父觉昌安曾参与此事，暗通于明辽东总兵李成梁，均忠顺于明朝。

王杲死后，其子阿台驻古勒寨，另一头人阿海驻莽子寨，两寨相依，互为掎角。万历十一年（1583年）正月，李成梁以"阿台未擒，终为祸本"，督兵攻阿台驻地古勒寨与阿海驻地莽子寨。寨势陡峻，三面壁立。李成梁麾军火攻两昼夜，攻而不克；其别将破阿海寨，诛阿海。时建州女真苏克素浒河部图伦城的城主尼堪外兰，受到明朝的扶植。李成梁利用尼堪外兰为傀儡，企图通过他加强对建州女真各部的控制。尼堪外兰为讨好李成梁，引导明军到古勒寨，攻打阿台。阿台之妻是

宁远大捷——破女真不败神话

李成梁画像

觉昌安的孙女（努尔哈赤伯父礼敦之女）。觉昌安见古勒寨被围日久，想救出孙女又想劝说阿台归降，就同努尔哈赤的父亲塔克世到了古勒寨。塔克世留在外面等候，觉昌安孤身进入寨里。因等候时间较久，塔克世也进到寨里探视实情。明军攻城益急，双方交战激烈，觉昌安和塔克世父子都被围在寨内。

　　明宁远伯、辽东总兵李成梁见攻城不克，非常恼火，要绑缚尼堪外兰。尼堪外兰很害怕，愿身往城下招抚。他到古勒寨下，高声喊话骗道："天朝大兵既来，岂有释汝班师之理！汝等不如杀阿台归顺。太师有令，若能杀阿台者，即令为此城之主！"太师就是辽东总兵李成梁。阿台部下有人听信尼堪外兰的话，杀死阿台，打开寨门，投降明军。是役，古勒寨与莽子寨都被攻破，阿台与阿海并死，明军共斩杀2222人，并此前曹子谷之战，总共为3000余级。明以此功，告捷郊庙。

　　李成梁虽然占领了古勒寨，但因攻城的时候兵力大损，他极为生气，以杀人来发泄自己的愤怒之情。他在古勒寨兵民降顺之后，下令"诱城内人出，不分男女老幼，尽屠之"。古勒寨内，男女老幼，均遭屠戮！全寨兵民，几无幸免，尸横屯巷，血流成渠。努尔哈赤的祖父觉昌安和父亲塔克世，也都在混乱中被攻陷古勒寨的明军所杀。

努尔哈赤惊闻父、祖蒙难的噩耗，捶胸顿足，悲痛欲绝。他向明朝边吏质问道："我父、祖何故被害？汝等乃我不共戴天之仇也！汝何为辞？"

明朝遣使谢过称："非有意也，误耳！"明朝归还努尔哈赤父、祖遗体，并给他"敕书三十道，马三十匹，复给都督敕书"。努尔哈赤得到了明朝赐给的朝贡敕书30道、马30匹和都督职衔。

辽东总兵李成梁每破一座边塞小城，就要杀若干女真草民，简直就是杀人不眨眼的恶魔。但是，人心不可欺，民志不可辱。怨可散不可聚，仇可解不可结。明军一次一次地焚掠女真屯寨，一次一次地屠杀女真部民，同女真各部结下民族冤仇。女真与明朝，边民与明军，其怨其仇，其愤其恨，集中表现在其未来的首领努尔哈赤身上。努尔哈赤同大明皇朝结下四重仇恨——外祖父王杲、舅父阿台、祖父觉昌安、父亲塔克世，都死于明朝官军之手。万历帝、李成梁杀了觉昌安、塔克世，在努尔哈赤心里点燃起复仇之火，挖掘开溃堤蚁穴。努尔哈赤对明朝极为不满，椎牛祭天，起兵复仇。

清朝的兴起和明朝的灭亡，在中国辽东建州女真古勒寨揭开了历史的序幕。一场火灾的发生，往往是从一点点火星引起的；一个庞大王朝被民众推翻，往往是从一件小事开始的。星火燎原，蚁穴溃堤，古今中外，概莫能外。这点火星，这个蚁穴，在萌发时，细如秋毫，对立的双方都没注意到。然而，它燃烧成为熊熊烈火，汇合成为滔滔洪水，能将大厦吞噬，会将王朝冲垮。这个小小的火星，这个小小的蚁穴，就发生在明朝辽东建州女真一个普通的屯寨——古勒寨。这里是清朝焚烧明朝熊熊烈焰的火星，也是清朝冲垮明朝滚滚江河堤坝的蚁穴。努尔哈赤成为女真焚毁明朝大厦的点火者，成为埋葬大明皇朝的掘墓人。

努尔哈赤（1559年—1626年），明嘉靖三十八年（1559年）生于建州女真苏克素浒河部的赫图阿拉。兄弟五人，努尔哈赤是长兄，下面还有四个弟弟。努尔哈赤10岁丧母，继母对他们兄弟一直刻薄寡恩，因此，19岁的努尔哈赤就分家另居。努尔哈赤青少年时期，经常到山林里挖人参、采蘑菇、拾松子、摘木耳，运到抚顺马市（集市）参与贸易，换回一些生产和生活用品。他体格健壮，精于骑射，广交朋友，聪睿能干。于明万历十一年（1583年）五月，因父亲、祖父被杀而含恨起兵，时年25岁。经过10年时间，统一了建州女真，随后逐渐统一了海西女真，到他的儿子皇太极时，又统一了东海女真和黑龙江女真，并战败蒙古林丹汗。后来皇太极说：自东北海滨，迄西北海滨，其间使犬、使鹿之邦，及产黑狐、黑貂之地，不事耕种、渔猎为生之俗，厄鲁特部落，以至斡难河源，远迩诸国，在在臣服。

努尔哈赤在清朝建立后被追尊为清太祖高皇帝。

努尔哈赤在中华文明史上开创了一个新的时代，作为大清帝国的奠基人。由他奠基的大清帝国一直到康乾盛世时，成为当时世界上人口最多、幅员最辽阔、经济富庶、文化繁荣、国力强盛的大帝国。努尔哈赤在世67年，从25岁时起兵，到生命结束，政治军事生涯共43年。根据正史、野史记载，究其功勋，盘点其功绩，举其大端，大致可归为10件。

一、统一女真各部

后金灭亡之后，女真各部，纷争不已，他们互相厮打，以强凌弱，以众暴寡，元、明两朝300多年以来，一直没有实现统一。努尔哈赤

袁 崇 焕

兴起之后，采用"顺者以德服，逆者以兵临"的策略，经过30多年的征抚，实现了女真各部的大统一。

二、 统一东北地区

明中期以后皇权衰落，已经没有能力对东北的广大地区进行有效的管辖了。努尔哈赤及其子皇太极经过艰苦努力的改制，终于统一了东北："自东北海滨，迄西北海滨，其间使犬、使鹿之邦，及产黑狐、黑貂之地，不事耕种、渔猎为生之俗，厄鲁特部落，以至斡难河源，远迩诸国，在在臣服。"就是说，东起鄂霍次克海，西北到贝加尔湖，西至青海，南濒日本海，北跨外兴安岭的地域，实际辖境大约有500万平方公里，和明朝实际控制面积大致相等。东北地区的重新统一，结束了长期蹂躏掳掠、相互杀伐，生灵涂炭的悲惨局面。

三、 创制满文

后金灭亡后，通晓女真文的人越来越少，到明朝中期的时候已渐渐失传了。满语属于阿尔泰语系满—通古斯语族，满族没有文字。努尔哈赤兴起后，建州与朝鲜、明朝来往的公文，由一个名叫龚正陆的汉人用汉文书写；在向女真人发布军令、政令时，则用蒙古文，一般女真人既看不懂又听不懂。明万历二十七年 (1599年)，努尔哈赤命巴克什额尔德尼和扎尔固齐噶盖，用蒙古字母拼写满语，创制满文，这就是无圈点满文 (老满文)，皇太极时改进成为有圈点满文 (新满文)。满文是拼音文字，有6个元音字母、22个辅音字母和10个特定字母。满文成为清朝官方语言和文字。当时，东北亚满—通古斯语族的各民族，除满族外都没有文字。满文记录下东北亚地区文化人类学的珍贵资料，并成为满汉、中西文化交流的重要桥梁。后来耶稣会士通过满文将《四书》《五经》翻译到西方。所以，努尔哈赤主持创制满文，是满族发展史上的一块里程碑，是中华文化史和东北亚文明史上的一件大事。

四、创建八旗制度

努尔哈赤在女真原有的狩猎组织形式的基础上，创建了八旗制度。女真人狩猎时各出一支箭，每十人中立一个总领，就像小组长一样。这些总领称牛录额真 (牛录，大箭的意思；额真，首领的意思)，后来这个相当于狩猎小组组长的牛录额真成了一级官名，牛录成为最基层的组织。屯垦田地，征丁披甲，纳赋服役，都以"牛录"为计算单位，努尔哈赤便在此基础上加以改组、发展、扩大和定型，创立八旗制度。规定：每300人为10牛录，设一牛录额真，5个牛录为1甲喇，设一甲喇额真，5个甲喇为1固山，设一固山额真。固山是满洲户口和军事编制的最大单位，每个固山有特定颜色的旗帜，所以汉语译固山为"旗"。原有黄、白、红、蓝四旗，后又增添四旗，在原来旗帜的周围镶边，黄、白、蓝三色旗镶红边，红色旗镶白边。这样，共有8种不同颜色的旗帜，称为"八旗"，即满洲八旗。后来又逐渐增设蒙古八旗和汉军八旗，统称八旗，而实际是二十四旗。八旗制度"以旗统军，以旗统民"，平时耕田打猎，战时披甲上阵。八旗制度以八旗为纽带，将全社会的军事、政治、经济、行政、司法和宗族联结成为一个组织严密、生气蓬勃的社会机体。八旗制度是努尔哈赤的一个创造，是清朝的一个核心社会制度，也是清朝定鼎燕京、入主中原、统一华夏、稳定政权的一个关键。

五、促进满族形成

建州女真的统一、女真各部的统一、东北地区的统一、各族的融合，各部的联姻，八旗的创建，满文的创制，使得新的满族共同体现在中华民族的大家庭之中。满族以建州女真为核心，以海西女真为主体，吸收部分汉人、蒙古人、达斡尔人、锡伯人、朝鲜人等组成的一个新的民族共同体。为宣布这个满族共同体形成的事实，皇太极于天聪九年（1635 年）十月十三日，诏谕曰："我国建号满洲，统绪绵远，相传奕世。从今以后，一切人等，只称我国满洲原名，不得仍前妄称。"从此，满洲族的名称正式出现。满洲族初为东北边隅小部，继而形成民族共同体，以至于发展到当今千万人的大民族。满洲族肇兴的领袖，就是清太祖努尔哈赤。

六、建立后金政权

创大业者，必立其根本。如果一个边疆的少数民族首领不能创建一个政权，那么，他就不能奢望在中国可以建立一个王朝。万历四十四年（1616 年），努尔哈赤作为一个僻处边境一隅的满洲族首领，以赫图阿拉为中心，参照蒙古政权，特别是中原汉族政权的范式，登上了汗位，建立了后金。从此后金有了巩固的根据地，以支持其统一事业的进一步发展。尔后，他克沈阳、占辽阳、夺广宁、据义州。都城先迁辽阳，继迁沈阳。其子皇太极，于天聪十年（1636 年）四月，改元崇德，国号大清。自天命元年（1616 年）至宣统三年（1911 年），共历 296 年。努尔哈赤"经始大业，造创帝基"，是大清帝国的开创者和奠基人。

七、丰富军事理论

努尔哈赤是一位军事奇才，因此，有人称他"用兵如神"，努尔哈赤的戎马生涯一共长达 43 年。他缔造和指挥的八旗军，在 17 世纪前半叶，不仅是中国历史上一支最富有战斗力的军队，而且是世界上一支最强大的骑兵。努尔哈赤统率这支军队，先后取得古勒山之役、乌碣岩之役、哈达之役、辉发之役、乌拉之役、抚清之役、萨尔浒之役、叶赫之役、开铁之役、沈辽之役、广宁之役和觉华岛之役 12 次大捷。其中古勒山之战、萨尔浒之战、沈辽之战、广宁之战和觉华岛之战，为其精彩之笔。他在军事谋略上，在指挥艺术上，集中兵力、各个击破、围城攻坚、里应外合、铁骑驰突、速战速决，这些都体现了努尔哈赤高超的智慧。他在萨尔浒之战中，采取"恁尔几路来，我只一路去"，就是"集中兵力，各个击破"的兵略，成为中国军事史上集中兵力、以少胜多的经典战例。他在军队组织、军队训练、军事指挥、军事艺术等方面的作为，都可圈可点。特别是他在作战指挥艺术上，对许多军事原则，如重视侦察、临机善断、诱敌深入、据险设伏、巧用疑兵、驱骑驰突、集中兵力、各个击破、一鼓作气、速战速决、用计行间、里应外合等，都能熟练运用并予以发挥，丰富了中华古代军事思想的宝库。

八、制定抚蒙政策

自秦、汉以来，北方游牧民族一直是中央王朝的内心的一个疙瘩，时时怕他们来侵犯中原的领土。为此，秦始皇统一全国后连接六国长城而为万里长城。至明代，京师两次遭北骑困扰，明英宗甚至成了瓦剌兵的俘虏。徐达与戚继光为固边防，也大修长城。努尔哈赤兴起后，对蒙古采取了既不同于中原汉族皇帝，也不同于金代女真皇帝的做法。他用编旗、联姻、会盟、封赏、围猎、赈济、朝觐、重教等政策，加强对蒙古上层人物及部民的联系与辖治。后漠南蒙古编入八旗，成为其军政的重要支柱；喀尔喀蒙古实行旗盟制；厄鲁特蒙古实行外扎萨克制。其联姻不同于汉、唐的公主下嫁、和亲，而是互相婚娶，真正成为儿女亲家。这是历朝中央政权（元朝除外）对蒙古治策的重大创革。中国 2000 年古代社会史上的北方游牧民族难题，至清朝才算得以

忠贞不渝

袁崇焕

解决。后康熙帝说："昔秦兴土石之工，修筑长城。我朝施恩于喀尔喀，使之防备朔方，较长城更为坚固。"清朝对蒙古的抚民固边政策，其经始者就是努尔哈赤。

九、推进社会改革

努尔哈赤从起兵开始，一直不断地推进社会改革。在政权机制方面，他逐步建立起以汗为首，以五大臣、八大贝勒为核心的领导群体，并通过固山、甲喇、牛

努尔哈赤像

录三级组织，将后金社会的军民统制起来。然后，创立八和硕贝勒共议国政制——并肩同坐，共议大政，断理诉讼，举废国汗，即实行贵族共和制。但此制度在努尔哈赤死后未能实施。在经济机制方面，他先后下令实行牛录屯田、计丁授田和按丁编庄制度，将牛录屯田转化为八旗旗地，奴隶制田庄转化为封建制田庄。随着八旗军民迁居辽河流域，女真由牧猎经济转化为农耕经济。在社会文化方面，初步实现了由牧猎文化向农耕文化的转变。

十、决策迁都沈阳

此前，辽和金设五京的时候都没有沈阳。元朝的东北行政中心设

在辽阳；明朝辽东军政中心，先是在广宁，后又迁到了辽阳。天命十年即天启五年 (1625 年)，努尔哈赤决定迁都沈阳，却遭到贝勒诸臣反对。理由是：近来正在修建东京辽阳，宫室已经建好了，老百姓的住所还没有最后完工。本来年景就不好，迁都要大兴土木、劳民伤财。努尔哈赤力主迁都沈阳，说："沈阳形胜之地，西征明，由都尔鼻渡辽河，路直且近；北征蒙古，二三日可至；南征朝鲜，可由清河路以进；且于浑河、苏克苏浒河之上流，伐木顺流下，以之治宫室、为薪，不可胜用也；时而出猎，山近兽多；河中水族，亦可捕而取之。朕筹此熟矣，汝等宁不计及耶!"努尔哈赤综合考量了历史与地理、社会与自然、政治与军事、民族与物产、形胜与交通等因素，而做出迁都沈阳的重大决策。从此，沈阳第一次成为都城。努尔哈赤迁都沈阳，促进了辽河地域的经济开发。

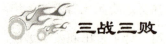 三战三败

明朝与后金开展的第一次大战就是"萨尔浒大战"。这次战役，以兵力而论，后金八旗兵约有 6 万人。而明朝辽东经略杨镐率明军 18

万，叶赫 (后金的世仇) 兵 2 万，朝鲜 (中国的属国) 兵 2 万。加起来一共有 20 万人左右。从人数上来看，明朝处于优势，明军还有一个优势，就是火器钢炮比较多，军火锐利得多。后金兵为一路。明军兵分四路，一路由山海关总兵杜松率领；一路由辽东总兵李如柏率领；一路由开原总兵马林率领，并有叶赫援军；一路由辽阳总兵刘綎率领，并有朝鲜援军。杨镐坐镇沈阳指挥。在指挥上，后金兵统帅是努尔哈赤。努尔哈赤是历史上少有的天才军事家。明军的总统帅杨镐是文官，缺乏带兵经验，没有军事常识，虽然手下每一路的将领不乏经验丰富的军官，但是总体调度肯定有问题。就士兵的素质看，其时明军政事腐败，连带军政废弛，军队缺乏训练，没有必要的军事准备。而且士兵来自各个地方，南方的士兵对北方寒冷气候不适应。后金兵却是身经百战，军纪严明，在辽东作战，熟悉地形，适应气候，能够充分发挥自己的优势。后金兵采取集中主力，各个击破的战略，首先主攻明军西路。

虽然这次战役，明军占有优势，但杜松有勇无谋，因为他是统兵 6 万人的 "总指挥"，却打了赤膊，露出全身伤疤，一马当先地冲锋。

结果，杜松在与后金军交战的时候，突然天昏地暗，数尺之外什么也看不见了。这次，杜松又犯了一个大错误，他下令众军士们点起火把。这样一来，明军有光在明而后金军无光在暗，明军照亮了自身，也害自己成为后金兵的箭靶子。这下，努尔哈赤统兵六旗作主力猛攻，他儿子代善和皇太极各统一旗在右翼侧攻。结果杜松的遭遇比许褚还要惨得多，身中 18 箭而死，当真是 "谁叫汝赤膊"。总兵阵亡，明军大乱，6 万兵全军覆没。

马林得到消息后，急守尚间崖（距萨尔浒山约有三四十里）。努尔哈赤打败杜松之后，又挥军北进，相继大败马林兵。马林一个人逃回了开原。其他人再次全军覆没。叶赫更是无能，他见努尔哈赤兵力如此厉害，竟然不战而退了。既败杜松、马林之兵，努尔哈赤即统八旗返回赫图阿拉。当时刘綎不知萨尔浒之败，努尔哈赤使明朝降卒持杜松令箭，假报杜松已得胜深入，刘綎遂直进赫图阿拉，走到阿布达里岗，遭到后金兵夹击，刘綎战死于阵中，再次全军覆没。朝鲜兵大惊，不战而降。明经略杨镐闻知三路兵败，急令李如柏撤兵，狼狈逃回。这一次战役，双方作战五日，后金大获全胜。

萨尔浒大战的结果，对明朝辽东的局势起了根本性的变化，从此，明朝在军事上失去了主动进攻的力量，被迫处于防守的地位，而后金军则由防御转为进攻，局势发生了彻底的转变。所以，萨尔浒之战成为明朝兴衰史上的一个转折点。萨尔浒大战后不久，后金又连下开原、铁岭，并灭掉叶赫，兵锋直指辽沈。这场大战是后金兴亡的关键，当时明朝国力强大，统计人口数量就有六千万，当时实行的是按人口缴税政策，所以民间隐瞒了大量的人口，专家一般认为当时明朝人口大约在 1 亿左右，还有学者认为人口在 1.5 亿左右。其时后金人口为 50~60 万，士兵为 10 万左右。无论怎样计算，明朝的人口远胜后金。明朝可算是有近乎无限的补充能力，后金却是难以承受一败。就战前条件权衡，未必能证明后金一定能够胜利。明军各路指挥官都还是有能力的。从后来的明与后金的多次战争来看，明军问题主要在于士兵的战斗力，野战能力极差，而且士气低落。明与后金的兵力差距很大，当时明军士兵还没有畏惧"辫子军"的心理，取胜不是没有可能。而努尔哈赤能够以集中兵力，利用时间差在比较短的时间内分别与三路明军交战。这种运动战中部队的快速行动速度、持续作战的战斗力，以及统帅高超的指挥能力，的确令人咋舌。明朝后期赖以克敌制胜的锐利火炮在这场战斗中终于派上了用场。火炮固然威力大，攻击力强。但是致命的缺点是灵活性差，如果一味依靠火炮，在野战中反而会拖累部队。这场明与后金的第一次大战，暴露了明军一些问题。随着以后战事的发展，明军这些问题越来越体现在战略决策上，从而导致明军一次又一次的失败。

总之，万历四十七年（1619年），对努尔哈赤来说，是开始辉煌人生的起点；对袁崇焕来说，也是拉开壮丽人生的序幕。

因为战争的原因，对明朝造成了巨大的军事开支。明朝开始不断加重赋税，这下不仅有外战，还激化了国内的矛盾，导致明朝遭遇到了前所未有的内忧外患袭击，两面交战。不过当时谁也不会料到后金将会取代明朝入主中原。后金无论从哪方面说，根本没有灭亡明朝的实力，在军事实力上后金也缺乏统一中原的兵力。努尔哈赤之后的皇太极，身为一代雄主，以战略眼光认识到自身实力的先天不足，没奢望后金能战胜明朝，只是努力想让明朝承认后金在山海关以北的统治地位，所以战略上一直很谨慎。后金取代明朝，是在明朝自身、李自成以及后金的合力下造成的。

袁崇焕

广宁失陷

天启二年即天命七年（1622年）正月，努尔哈赤统领军队，进攻明朝在辽河以西的重镇——广宁（今辽宁省北镇市）。按明朝的制度，辽阳是辽东的首府，也是辽东总兵的驻地。辽东巡抚则驻广宁。所以，广宁是当时辽西的军事与行政中心。明军失陷沈阳、辽阳后，便加强对广宁的防守。无奈寡不敌众，努尔哈赤用兵如神，明军不堪一击。不久，广宁失陷。

广宁兵败，北京大震。关外局势更加趋向恶化，社会危机更为深重。明朝弃守广宁之后，辽东形势，为之一变。明朝任命王在晋为辽东经略。辽东经略王在晋分析当时关外形势道："东事离披，一坏于清、抚，再坏于开、铁，三坏于辽、沈，四坏于广宁。初坏为危局，再坏为败局，三坏为残局，至于四坏——捐弃全辽，则无局之可布矣！逐步退缩之于山海，此后再无一步可退。"

王在晋的意思是：明朝先失陷抚顺、清河、开原、铁岭、辽阳、沈阳，又失陷广宁，丢弃全辽，无局可守。明失守广宁，其严重性正在于此。据《明史》记载，自努尔哈赤攻陷抚顺以来，明朝在辽东的总兵官，阵亡者共 14 人。京师朝野官员，可谓谈敌色变。

死守山海关

袁崇焕任兵部主事不久，王化贞大军在广宁覆没，满朝惊惶失措。

就在京师人心惶惶的时候，袁崇焕骑了一匹马，孤身一人出关去考察。兵部中忽然不见了袁主事，大家十分惊讶，家人也不知他去了哪里。不久他回到北京，向上司详细报告关上形势，宣称："只要给我兵马粮饷，我一人足可守得住山海关。"

这件事充分表现了他行事有胆识，敢作敢为而脚踏实地、狂气十足。如果是在平时，他上司多半要斥责他擅离职守，罢他的官，但这时的朝廷正在忧急彷徨之际，听他说得头头是道，便升他为兵备佥事，派他去助守山海关。袁崇焕终于得到了他梦寐以求的机会，雄心勃勃的他便到边关去效力了。

他到山海关后，作为辽东经略王在晋的下属，一开始在关内办事。王在晋见他办事干练，非常倚重他，派他出关到前屯卫去收抚流离失所的难民。袁崇焕奉命之后，当夜出发，在荆棘虎豹之中夜行，四更天时到达。前屯城中将士都非常佩服他。他的行为在无形中感染了这些将士。这样一来，兵将都服了他了。

王在晋奏请皇帝正式任他为"宁前兵备佥事"。袁崇焕本来是一个没有专责的散官，现在不仅有了驻地，还有了实际官职，成为山海关外抗御清兵的第一道防线。宁远在最前线，前屯卫稍后。不过他虽负责防守宁远、前屯卫，第一线的宁远却没有城墙，没有防御工事，根本无城可守。他只得驻守在前屯卫。

天启二年，即天命七年（1622年）三月十八日，天启帝任命王在晋为兵部尚书、辽东经略，驻镇山海关。

山海关是"天下第一关"，防守京师的第一大要塞，然而它没有外围阵地。后金兵若是来攻，立刻就可以冲到关门之前。

同年五月，王在晋提出了山海关门守御方略。他认为关门形势是：山海关南为海，虏如舍骑乘舟，乘风破浪，瞬息可达；北为角山，设有逶迤边墙，峰峦高于墙垣，如敌人据高扼险，成凭高搏击之势，山海关便不能守；中为关城，欢喜岭紧抱关门，岭高于城，斗城如锅底，由上击下，则无守地。

其实，稍微有点军事常识的人都能看出来，单单是守御山海关，未免太过危险，如果失败的话，就丝毫没有后退的余地。只要一仗打败，这个大要塞就会失守，敌军便可以攻到北京。所以在战略形势上，必须将防线向北移，越是推向北方，山海关越安全，北京也就越安全。袁崇焕一再向上司提出这个关键的问题。王在晋也是文弱书生，根本不懂军事，不仅眼光短浅，而且胆子又小，听袁崇焕说要在关外守关，想想道理倒也是对的，便主张在山海关外八里的八里铺筑城守御。他一定想，离山海关太远，如果逃不回来，那怎么得了？

王在晋的意思是在山海关外八里铺的地方，再建一座城，设官兵4万，护卫山海关。袁崇焕认为：不应该在八里铺筑城，而应该在宁远卫筑城。两人的意见不合，发生了尖锐的争执。袁崇焕认为只守八里的土地是没有用的，外围阵地实在是太窄，根本起不到屏障山海关的作用，于是和王在晋争论，王在晋不采纳他的意见。袁崇焕就去向首辅叶向高申请，叶也不予理会。

其时，山海关完全暴露在后金军事进攻面前。所以，山海关的门关系着明朝的安危。明朝抵御后金，保卫京师，其当务之急，就是坚守山海关。王在晋上任之后，对于辽东形势的估计过于悲观。他认为：第一，已经失去的土地，不能够再恢复；第二，关城以外土地，不必加以防卫；第三，要想保卫京师，必须先保山海关。然而，如何防守山海关？在明朝官员中发生了一场大的争论，主要有两种意见：一种是消极防御，就是在山海关外八里处的八里铺筑城，增设重关，驻军4万，紧缩保守，以关守关；另一种是积极防御，就是在山海关外200里处的宁远，重筑坚城，驻兵固守，向外开拓，以进守关。

王在晋决定在山海关外的八里铺筑重城之议，其实只是一个贪图苟安、无所作为的消极防御策略。他筑重城的主张，遭到了宁前兵备金事袁崇焕、主事沈棨、赞画孙元化等人的反对，王在晋根本不听。袁崇焕同王在晋相反，力主积极防御，坚守关外，屏障关内，营筑宁远，以图大举。他虽深受王在晋倚重，被题为宁前兵备金事；但他以关外八里筑重城为非策，极力陈谏。因人微言轻而不被采纳。袁崇焕想方设法，先后两次直接将意见报告给首辅即宰相叶向高。叶向高看到袁崇焕的报告后，不能肯定哪种意见正确。大学士管兵部事孙承宗自请行边，亲赴山海关实地考察，然后再定大计。叶向高很赞成，天启帝也大喜，特加孙承宗太子太保，赐蟒玉、银币，以示隆礼。六月十五日，孙承宗受命后，前往山海关巡视。

孙承宗（1563年—1638年），字稚绳，高阳（今河北省高阳县）人，相貌奇伟，声音洪亮，喜欢谈兵，晓畅边事。万历三十二年（1604年）甲辰科殿试，孙承宗得中一甲第二名榜眼。天启皇帝即位后，充任日讲官（皇帝老师）。明失陷广宁后，孙承宗为东阁大学士、兵部尚书。时孙承宗受命往山海关巡视。六月二十六日，孙承宗由兵部主事鹿善继等陪同，抵山海关。

孙承宗是一个深谋远虑、智慧超群，非常懂为官之道的人。而正是这样的一个人，最终成了袁崇焕军事生涯中的伯乐，也是为他扼腕落泪的知己。边事不宁时，廷臣都知道孙承宗懂军事，就推荐他主持辽东战局，但皇帝不愿意孙承宗离开讲筵，多次不允。天启二年，广宁失陷后，皇帝实在着急了，没办法才授命自动请缨的孙承宗为东阁大学士、后部尚书，管理边事。

孙承宗召集将吏讨论防守山海关的策略，最后决定监军阎鸣泰主守觉华岛，金事袁崇焕主守宁远卫。王在晋对这样的分配非常反对。旧监司邢慎言、张应吾等因兵败而逃遁在山海关，都随声附和王在晋的意见。孙承宗以事关重大，意见分歧，没有立即做出决断，便带着袁崇焕等人，策骑出关，察看形势。王在晋哭求孙承宗不要冒险出关，怕出意外。孙承宗重任在身，还是坚持前往关外巡视。时山海关至宁远之间的五座重要城堡——中前所、前屯卫、中后所、中右所和宁远卫，满目凄凉，腥膻扑人。

孙承宗在《又启叶首揆》书中言："门生苦令抚官，初移之中前为四十里，再移之前屯为七十里，又再移至中后为百里，又再移至宁

袁 崇 焕

远为二百里。"后孙承宗巡视关外形势，略谓："失辽左，必不能守榆关；失觉华、宁远，必不能守辽左。"

其疏陈守关大略言："盖前屯备而关城安，宁远备而前屯益安。倘不以此计，而以一步不出关为守关，遂以安插辽人为强迎，遂以经营宁远为冒险。夫无辽土何以护辽城，舍辽人谁与守辽土，无宁前何所置辽人，不修筑何以有宁前？而修筑之事不一劳，何以贻永逸而维万世之安！"

孙承宗等人一到中前所，放眼望去，一片凄凉，城内仅存两间破屋，井臼依然，看到这样的情景，孙承宗不由得潸然泪下。他登上城楼，向东北眺望，遥见宁远形势，"天设重关，以护神京"；又见宁远东南，而"觉华孤峙海中，与宁远如左右腋，可厄敌之用"。他看中宁远是山海关的天然"重关"，认为宁远与觉华"必不可不守"。他支持袁崇焕筑守宁远的意见，希望王在晋能赞成袁崇焕的建议，但王在晋就是不同意。孙承宗知王在晋意不可夺，只能回京，别图良策。

孙承宗回京后，便立即上奏疏。主张重筑宁远城与守卫觉华岛，目的是使宁远城与觉华岛互为掎角，彼此可以应援。就算是没有战事，也可以收复200里疆土。何乐而不为呢！孙承宗认为：不破庸人之论，辽事终不可为！几天后，他趁给天启帝侍讲的机会告诉天启帝王在晋不能胜任这份工作。并奏王在晋"笔舌更自迅利，然沉雄博大之未能"。天启帝命免去王在晋辽东经略。八里铺修筑重城之议，随王在晋去职而作罢。同年八月，王在晋既去职，孙承宗自请督师，获允。天启帝赐孙承宗尚方剑；孙启行时，阁臣送出崇文门外。孙承宗抵关，重用袁崇焕，整饬辽西边务。

王在晋在山海关任职时间有半年，没有做出一件有功劳的事情，兵未合营，将未束伍，议墙议城，化为泡影。王在晋这一走，山海关外的防务便落在了孙承宗及其部下袁崇焕等的肩上。孙承宗与袁崇焕主守山海关外的兵略，建成一道坚固的关（山海关）宁（宁远）锦（锦州）防线，成为后金骑兵不可逾越的障碍。

孙承宗、袁崇焕守宁护关、筑城固御、相机进取、力图恢复的大计，得到朝廷的批准。

天启二年（1622 年）八月，孙承宗以原官的身份督山海关及蓟、辽、天津、登、莱诸处军务。经过他的推荐，阎鸣泰被任命为辽东巡抚。九月初二日，孙承宗到山海关正式"视事"，调整指挥系统，命将任职：以总兵官江应诏定兵制、监军袁崇焕修营房、总兵官李秉诚练火器、广宁道万有孚主采木、司务孙元化筑炮台、游击祖大寿驻觉华岛并负责粮饷与器械。孙承宗一到任，就把防务部署得井然有序。时辽东巡抚阎鸣泰主张守关内，与孙承宗意见相左。朝廷以张凤翼代阎鸣泰为辽东巡抚。孙承宗坚持守关外，于天启三年即天命八年（1623 年）九月初八日，出山海关东巡，达于宁远以东。他奏报道："若失辽左，必不能守榆关；失觉华、宁远，必不能守辽左。"孙承宗的战略意图是，山海关外以宁远为重点，将沿线原有各城都恢复起来，派驻军队，层层设防。因而把山海关至宁远 200 里之间，镇堡收为内镇，建成关宁防线。对于山海关的防御，具有战略意义的是，孙承宗与袁崇焕布置了一条把山海关和宁远联结成一体的关宁防线。

孙承宗、袁崇焕等在辽西建立山海关至锦州的关宁锦军事防线，阻遏后金军渡河西进，卫守关门，以固京师。

这时在宁远之北的十三山被后金困住的败卒难民有十余万人。朝廷叫大学士孙承宗设法去解救这些人。袁崇焕主动申请由自己带兵

5000 进驻宁远作为声援。另派骁将到十三山去救回溃散了的部队和难民。王在晋觉得这个军事行动太冒险，不同意。结果十余万败卒难民都被后金俘虏，只有 6000 人逃了回来。

后金这时在经济上实行的是奴隶制度，满族人当兵打仗的主要工作是抢劫财物，他们认为男子汉耕田种地是一种耻辱，所以俘虏了许多汉人和朝鲜人来为他们耕种。汉人、朝鲜人的奴隶是可以自由买卖的，当时价格是每个精壮汉人约为十八两银子，或换耕牛一头。十三山的十多万汉人被俘虏了去，都成为奴隶，固然受苦不堪，但这样大大增加了后金的经济力量。

那时袁崇焕仍是极力主张筑城宁远。朝廷中的大臣都竭力反对，认为宁远太远，根本就守不住。大学士孙承宗是个有见识的人，他亲自出关巡视，了解到了具体的情况，接受了袁崇焕的看法。

不久孙承宗代王在晋作辽东主帅。天启二年九月，孙承宗派袁崇焕与副将满桂带兵驻守宁远，这是袁崇焕领军的开始。

孙承宗和袁崇焕等人为了修建山海关与宁远的防线，采取了诸多措施：一是修筑城堡，二是驻扎军队，三是召回辽人，四是垦荒屯田，五是贸易货物，六是抚绥蒙古。中前所兵民已近 5000 人，前屯军民有 6 万余人，中后所兵民不下万人。宁远兵民达 5 万余。总计已恢复五城十三堡，垦田 5000 余顷，兵民已达 10 余万。宁远经过袁崇焕亲率军民经营，由原先"城中郭外，一望丘墟"，极度荒凉凋敝，变为"商旅辐辏，流移骈集，远近望为乐土"。宁远成为明朝抵御后金南犯的关外重镇。明朝调集秦、晋、川、湖、齐、梁、燕、赵等军兵驻扎山海关，到天启五年即天命十年 (1625 年)，已达官兵 17 万余人，马将近 6 万匹。关外形势，顿为改观。关宁防线，初步建成。后金天命汗努尔哈赤与崇德帝皇太极，始终没能打破关宁防线。就是这道关宁远防线，不仅保卫山海关免受攻击，而且在此后 20 年间，基本上稳定了辽西走廊的局势。袁崇焕在孙承宗支持下，为建立关宁防线发挥了重大的作用，建立了不朽的功勋。

保卫宁远

宁远在山海关外 200 余里，只守 8 里和守到 200 多里以外，战略形势当然大有区别。

宁远现在叫作兴城，有铁路经过，是锦州与山海关之间的中间站。地滨连山湾，与葫芦岛相距非常近。

天启三年九月，袁崇焕到达宁远。本来，孙承宗已经派了祖大寿在宁远筑城，但祖大寿觉得明军一定守不住的，于是，他只筑了规定的十分之一，便敷衍了事了。袁崇焕到宁远后，看见这样的情形，他当即大张旗鼓、雷厉风行的进行筑城，并定了规格：城墙高三丈二尺，城雉再高六尺，城墙墙址广三丈，派祖大寿等督工。袁崇焕与将士们同甘共苦，善待百姓，当他们像是家人父兄一般，所以筑城时人人尽力。次年完工，城高墙厚，成为关外的重镇。这座城墙是袁崇焕一生功业的基础。这座城墙把后金军重兵挡在山海关外达 21 年之久，如果不是吴三桂把清兵引进关来，不知道还要阻挡多少年。

关外终于有了一个安全的地方。这些年来，辽东辽西的汉人流离失所，若是给满洲人掳去，便成了奴隶。有了宁远城后，关外的汉人纷纷涌入，视为乐土，人口大增。宁远城一筑成，明朝的国防前线向北推移了 200 余里。

袁崇焕同时开始整饬军纪，他发现一名校官虚报兵额，吞没粮饷，于是大发脾气，当即将这人杀了。但按照规定，他是无权擅自处斩军官的。孙承宗大怒，骂他越权。袁崇焕叩头谢罪。孙承宗爱惜人才，便饶过了他。但袁崇焕这种刚烈、大胆的行为，显然铸就了他后来擅自杀毛文龙的先斩后奏，在这时已经种下了因。

孙承宗也是个积极进取型的人物，这时他向朝廷请饷 24 万两，准备对后金发动进攻。孙承宗是教天启皇帝读书的老师，天启皇帝对老师也是相当不错的，立刻就批准了。但兵部尚书与工部尚书互相商议说："军饷一足，此人就要妄动了。"所以决定不让他"饷足"，采取公文旅行的拖延办法，这样，孙承宗的战略就无法进行了。于是孙承宗进行屯田政策，由军士们自耕自食，却也得到很大的成效。

天启四年，袁崇焕与大将马世龙、王世钦等人率领 12000 名骑兵步兵东巡广宁。广宁就是今天的北镇市，在锦州的北边，离后金重镇沈阳已不远了。袁崇焕还没有和后金交过手，这次已含有主动挑战的意思。但清兵没有应战。袁崇焕一军经大凌河的出口十三山，从海道还宁远。这时后金兵已退出十三山。

短短三四年之间，从京师戒严到东巡广宁，军事从守势转为攻势，这主要是孙承宗主持之功，而袁崇焕也贡献了很多方略。孙承宗很赏识他，尽力加以提拔。袁崇焕因功升为兵部副使，再升右参政。孙承宗对他言听计从，委任甚专。

在陆海出巡中，袁崇焕大笔一挥，写下了颇有气势的《偕诸将游海岛》一诗。

战守逶迤不自由，偏因胜地重深愁。荣华我已知庄梦，忠愤人将谓杞忧。

边衅久开终是定，室戈方操几时休。片云孤月应断肠，桩树凋零又一秋。

一场军事巡察，被袁崇焕写得就像一次出游，给硝烟弥漫的战场平添了几分悠游和淡定。这首诗中很清楚地抒写了他当时的心情：是战是守的方略受到了朝廷牵制，不能自由，见到大好河山，更加深了忧愁。对荣华富贵我早已看得极淡，满腔悲愤，却只怕别人要说是杞人忧天。外敌的侵犯最终总会平定的，但朝廷中争权夺利的斗争却是大患，不知几时方能停止？看到天上浮云，冷清清的月亮，又想到我父亲逝世，伤心的肠也要断了。

天启五年夏，一切准备就绪，孙承宗根据袁崇焕的策划，派遣诸将分屯锦州、松山、杏山、右屯、大凌河、小凌河诸要塞，又向北推进了 200 里，几乎完全收复了辽河以西的旧地，这时宁远又变成内地了。

后金兵见敌人稳扎稳打，步步为营的推进，四年之中也不敢前来冒犯。然而进攻的准备工作却做得十分积极，努尔哈赤将京城从太子河右岸的东京城移到了沈阳，以便于南下攻明、西取蒙古，做好充分的出击准备。

天启六年 (1626 年) 正月十四日，努尔哈赤统率 13 万大军，从沈阳出发，渡过辽河，将要到达石屯卫时，守将周守廉知道后，竟然吓得偷偷逃跑了。后金军到达时就像进入无人之境，他们迅速占领了右屯、锦州、松山、大小凌河、杏山、连山、塔山等城，直奔宁远而来。听到后金大军西进的消息，高第吓得躲在山海关内不敢动弹，不发一兵一卒前去救援，根本不顾宁远城军民的死活。8 天后，即正月二十三日，后金八旗兵抵达宁远城下，将宁远围得水泄不通，使宁远完全成了一座孤城。

袁崇焕驻守孤城宁远，城中士卒不满 2 万人。但城中兵民，"死中求生，必生无死"，誓与城共存亡。他面临紧急态势，上奏疏，表决心："本道身在前冲，奋其智力，自料可以当奴。"他采纳诸将的议请，做了如下守城准备。

第一，制订兵略，凭城固守。宁远大战之前，明军与清军相比实在太弱，力量悬殊也太大。袁崇焕前面面临的是强敌，后面却无援兵，西翼蒙古不力，东翼朝鲜无助，宁远变成了一座孤城，实是在没有办法，在这样的情况下，袁崇焕也只有扬长避短，凭坚城以固守。他曾言："守为正著，战为奇著，款为旁著。以实不以虚，以渐不以骤。"他汲取抚（顺）、清（河）、开（原）、铁（岭）、沈（阳）、辽（阳）、西（平）、广（宁）失守的惨痛教训，不出城外野战，决意凭城坚守，拼死固守。敌诱不出城，敌激不出战。袁崇焕守卫宁远的要略是：孤守、死守、固守。

第二，激励士气，画地分守。袁崇焕偕总兵满桂，副将左辅、朱梅，参将祖大寿，守备何可纲纲，《明史·何可纲传》《明史·庄烈帝纪》《明史·丘禾嘉传》《明史·刘光祚传》《明史·马世龙传》均作"纲";《明史·袁崇焕传》作"刚"。通判金启倧等,集将士誓死守御宁远。他"刺血为书,激以忠义,为之下拜,将士咸请效死"。又部署官兵,分城防守,画定责任:总兵满桂守东面,副将左辅守西面,参将祖大寿守南面,副总兵朱梅守北面;满桂提督全城,分将画守,相互援应。袁崇焕则坐镇于城中鼓楼,统率全局,督军固守。

第三,修台护铳,布设大炮。袁崇焕在宁远城上,实施"以台护铳,以铳护城,以城护民"的部署。他在宁远城设置"红夷大炮"(红衣大炮),即西洋大炮。红夷大炮为葡萄牙制造的早期加农炮,具有炮身长、管壁厚、射程远、威力大的特点,是击杀密集骑兵的强力火炮。先是从澳门先后购进红夷大炮4门、又购进26门,共30门,其中留都城18门、炸毁1门、解往山海11门。敌兵逼临,袁崇焕采用茅元仪、王喇嘛等建议,将西洋大炮11门入城,制作炮车,挽设城上,备足弹药,训练炮手。由在京营中受过葡萄牙人训练的孙元化、彭簪古等官员,培训炮手,加以使用。这11门西洋大炮架设在宁远城上,成为袁崇焕凭城用炮退敌的最新式的强大武器。

第四,坚壁清野,严防奸细。袁崇焕下令烧尽城外的房舍,让城厢商民入城,将粮草转运到附近的觉华岛。又以同知程维模率员稽查奸细,"纵街民搜奸细,片时而尽",派诸生巡守街巷路口。在宁远城中,没有"叛夷",也没有奸细。先是,在辽东的诸城——抚顺、清河、开原、铁岭、沈阳、辽阳、广宁,都是由于"内应外合"才失陷的。而"宁远独无夺门之叛民,内应之奸细"。

第五,兵民联防,送食运弹。袁崇焕令通判金启倧按城四隅,编派民夫,供给守城将士饮食。又派卫官裴国珍带领城内商民,运矢石,送弹药。在宁远城的防卫过程中，袁崇焕能军民一体，相互合作，同命运，共生死，整个宁远军民同心同力，共同守卫宁远城、抗御后金进犯。

第六，整肃军纪，以静待动。袁崇焕严明军纪，派官员巡视全城，命对官兵擅自行动和下城者即杀。官兵上下，一心守城，"以必一之法，则心无不一，此则崇焕励将士死守之法。其所以完城者，亦在此"。他又从后金细作处，获取谍报。一切准备就绪之后，偃旗息鼓，以静待敌。

第七，重金赏勇，鼓励士气。他一向重视对官兵的奖赏，特别在战况紧急之时，命取库银11100余两，放在城上。袁崇焕宣布：官兵有能中敌与不避艰险者，即时赏银一锭，奖励勇敢退敌者。

第八，防止逃兵，预先布置。他下令前屯守将赵率教、山海关守将杨麒，凡是宁远有兵将逃向前屯或山海关，抓住的立即斩首，以肃军纪。当时，山海关由辽东经略高第镇守，山海关总兵杨麒也是不归他管。他的职权本来只能管到宁远和前屯。军情紧急，他就越权。

袁崇焕在紧张而有序地防御宁远的工作中，努尔哈赤则在驱骑急驰而整肃地奔向宁远——一场大战迫在眉睫。

努尔哈赤统率八旗军西渡辽河之后，长驱直前，指向四虚无援的孤城宁远。

正月二十二日，袁崇焕守城的计划刚刚部署就绪。他就与几个幕僚到达鼓楼，同朝鲜使臣翻译韩瑗等谈古论今，镇静如常。他先令兵民"偃旗息鼓待之，城中若无人"，静待后金兵近城池。

二十三日，八旗军穿过宁远城东五里处的首山与螺峰山之间隘口，兵薄宁远城郊。努尔哈赤命离城五里，横截山海大路，安营布阵，并在城北扎设统帅大营。努尔哈赤在发起攻城之前，释放被房汉人回宁远城，传汗旨，劝投降；但却遭到了袁崇焕的严词拒绝。

袁崇焕断然拒绝努尔哈赤诱降之后，命家人罗立等向城北后金军大营放西洋大炮，"遂一炮歼房数百"。后金军不敢留此驻营，将大营移到城西。努尔哈赤见袁崇焕拒不投降，又发炮轰击大营，命准备战具，次日攻城。

二十四日，后金兵推楯车，运钩梯，步骑蜂拥而来，万矢齐射城上。在城堞上，箭镞如雨注，悬牌似猬皮。明军凭坚城护卫，既不怕城下骑兵猛冲，又能够躲避箭矢射击。后金集中兵力，攻打城西南角。左辅领兵坚守，祖大寿率军应援。明军用矢石、铁铳和西洋大炮下击。后金兵死伤累累，又移攻南城。后金军在城门角两台间火力薄弱处凿城。守城军"则门角两台，攒对横击"。明军以城护炮，以炮卫城。都司金书彭簪古指挥东、北二面大炮，罗立指挥西、南二面大炮，"从城上击，周而不停，每炮所中，糜烂可数里"。后金兵顶着炮火，用楯车撞城；冒着严寒，用大斧凿城。明军发矢镞，掷礌石，飞火球，投药罐；后金兵前仆明军作战时使用的石雷后继，冒死不退，前锋挖凿冻土城，凿开高二丈余的大洞三四处，宁远城受到严重威胁。袁崇焕在危急关头，身先士卒，不幸负伤，"自裂战袍，裹左伤处，战益力；将卒愧，厉奋争先，相翼蔽城"。在城危之时，袁崇焕命官兵用芦花、棉被装裹火药，号"万人敌"；又以"缚柴烧油，并搀火药，用铁绳系下烧之"；并选50名健丁缒下，用棉花火药等物烧杀挖城墙的后金兵勇士——"火星所及，无不糜烂"。据明方塘报记载："贼遂凿城高二丈余者三四处，于是火毬、火把争乱发下，更以铁索垂火烧之，牌始焚，穴城之人始毙，贼稍却。而金通判手放大炮，竟以此殒。城下贼尸堆积。"这一天，后金军攻城，自清晨至深夜，尸积城下，几乎陷城。

二十五日，后金兵再倾力攻城。城上施放炮火，"炮过处，打死北骑无数"。后金兵惧怕利炮，畏葸不前，"其酋长持刀驱兵，仅至城下而返"。后金兵士一面抢走城下尸体，运到城西门外砖窑焚化；一面继续攻城。但攻不能克，乃下令收兵。后金军两日攻城，共折游击二员、备御二员、兵五百，攻具焚弃，丧失殆尽。努尔哈赤被迫停止攻城，退到西南侧离城五里的龙宫寺扎营。

二十六日，后金兵继续围城，明兵不断发射西洋大炮轰击。努尔哈赤无计可施，便改变进攻策略，命武讷格率军履冰渡海，进攻明军储存粮料基地——觉华岛。

袁崇焕刚击退后金军进攻，派景松和马有功，将他们从城上系下，疾驰山海关，报告经略高第战况。高第派人急驰奏报朝廷："奴贼攻宁远，炮毙一大头目，用红布包裹，众贼抬去，放声大哭。分兵一枝，攻觉华岛，焚掠粮货。"

在努尔哈赤率军渡过辽河的时候，袁崇焕就下定了誓死保卫宁远的决心。为显示这种决心，也为了稳定军心、民心，他一方面将远在山海关的年迈的母亲、爱妻和一百多名家人接到宁远城中，与全城军民同生共死；另一方面发布作战动员令，下令逃兵一律格杀勿论。并与部将满桂、祖大寿、何可纲等商定了周密的作战计划。将中左所、右屯等宁远周围小城堡的兵马，宁远城郊的守军，以及这些地区的西洋大炮、粮草等军械物资全部撤入宁远城内；实行坚壁清野政策，下令宁远附近及城外的老百姓一律携带守城械具入城，烧毁搬不动的房子、粮草等，不给后金军队留下任何有价值的东西；部将分工负责纠

宁远大捷——破女真不败神话

察城内奸细、编排民夫、安置老百姓、维护秩序、城墙与四方炮台防御等战事。袁崇焕自己总督全局。在后金军队到达宁远城下之前，做好了充分的迎敌准备。

当时双方力量对比悬殊，努尔哈赤西进部队共有13万人，一半集结在宁远城下随时待命攻城；而宁远城内可投入作战的士兵居民满打满算才2万人左右。得知这一情况后，明朝上下都十分悲观，认为宁远必定会陷落。交战前夕，努尔哈赤根本没有把袁崇焕放在眼里，在他看来，袁崇焕只不过是一介满腔热血但毫无作战经验的文弱书生，在他所率领的大军面前，居于绝对劣势。将宁远团团围住后，努尔哈赤就派人对袁崇焕劝降，企图不战而占领宁远城。没想到袁崇焕刺血回书，拒绝投降，并奉劝努尔哈赤早日撤兵，交还占领的疆土。这样，一场残酷的攻守战随即打响。

二十四日，后金发动总攻。最前面的是战车群，每车前面装有五六寸厚的木板，用来抵挡明军火器；后面跟着弓箭手；再后面是装满泥土的小车，用以填塞城外护城河壕沟；最后跟着身披厚重铠甲的铁骑。后金军队以战车开路，骑兵、步兵紧随其后，向城下推进，朝城上密集放箭放炮。守城明军坚决还击，西洋大炮一阵阵往下轰炸，后金战车与军马被炸成碎片，血肉横飞。尽管如此，部分后金士兵还是到达城墙脚下，挖凿城墙，有三四处城墙被凿通，情形十分危急。袁崇焕亲自运土搬石，指挥兵民拼死堵塞被凿通的城墙缺口，并因此受伤，鲜血直流，将士深受感动。袁崇焕还将城中仅有的一万多两库存银子搬到城上，现场奖励击中敌人或不避危险的士兵和老百姓，使士气更加高涨。

进攻至城墙脚下凿城的后金士兵越来越多，由于距离太近，西洋大炮没法击中，城墙缺口越来越大，宁远城被攻破的危险性在增加。这时，宁远城中通判金启倧急中生智，将火药均匀撒在被单褥子上，卷成一捆，点燃后火药变成火星，四处漫飞，飞到人的身上就迅速蔓延，着火的人很快就会被烧死。在试验中，金启倧不小心被烧死殉职。袁崇焕下令士兵如法炮制，将撒上火药的被单褥子一卷一卷抛到城墙脚下，然后用火箭点燃，城下顿时成为一片火海，凿城墙的后金士兵大多数被活活烧死。就这样击退了后金的进攻。以后几天，战斗都是这样惨烈地进行着，在袁崇焕的死守之下，宁远城没有陷落。而努尔哈赤本人也被明军火炮击伤，在死伤数千名八旗兵、损失许多战车械具，无计可施而又士气低落的情况下，努尔哈赤无奈下令撤军。返回沈阳前，后金军队攻下了宁远附近的觉华岛，7000 名守岛明军将士全部战死，岛上 8 万多石粮草和所有房子全部被烧毁。右屯的粮草和房子也遭到八旗兵的洗劫。明朝廷在得到宁远的确切战况后，曾经命令高第和山海总兵杨麟组织支援，但高第怕死，一再拖延，实际上到战事结束时，援军也没到达前线，这使得后金乘机洗劫了觉华岛。事后，因为有魏忠贤包庇，高第没有被追究责任，只是辞职了事。

觉华岛（今菊花岛），具有重要的价值。

第一，位置重要。觉华岛悬于辽西海湾中，距岸 18 里，离宁远 30 里，居东西海陆中逵，扼辽西水陆两津。觉华岛早在唐代已为开发，其北边海港被称为靺鞨口，已为岛上要港，出入海岛咽喉。明朝军用粮料，储之海岛，觉华岛成为明军的一个囤积粮料的基地。孙承宗既经营宁远城之筑城与戍守，又经营觉华岛之囤粮与舟师。

第二，囤积粮料。芝麻湾（止锚湾）、笔架山、觉华岛为明军辽西海上囤积粮料的重要基地。明广宁失陷后，御守重在宁远城，粮储则

宁远大捷——破女真不败神话

重在觉华岛。觉华岛有一主岛和三小岛——今称磨盘岛、张山岛、阁山岛，共135平方公里，其中主岛125平方公里。主岛"呈两头宽，中间狭，不规则的葫芦状，孤悬海中"。这座囤粮城，依据踏勘，简述如下："觉华岛明囤粮城，今存遗址，清晰可见。城呈矩形，南北长约500米，东西宽约250米，墙高约10米、底宽约6米。北墙设一门，通城外港口，是为粮料、器械运输之通道；南墙设二门，与'龙脖'相通，便于岛上往来；东、西墙无门，利于防守。城中有粮囤、料堆及守城官兵营房遗迹，还有一条纵贯南北的排水沟。"

第三，设置水师。明朝于觉华岛，在广宁失陷前，"独金冠之水兵运艘在"。孙承宗出关前，即令龙、武两营，分哨觉华岛的防卫。不久以国宁督发水兵，在觉华岛守卫。明觉华岛的水师，仍由游击金冠统领。其作用：一是守卫岛上的粮料、器械；二是配合陆师进图恢复辽东失地；三是策应宁远之城守——正如文献记载："以筑八里者筑宁远之要害，更以守八里之四万当宁远之冲，与觉华岛相掎角。而寇窥城，则岛上之兵，旁出三岔，烧其浮桥，而绕其后，以横击之。"

觉华岛成为明军与后金军的必据必争之地。觉华岛激战的爆发，是在天命汗努尔哈赤兵败宁远之后，而演变的一场残酷的争战。

正月二十五日夜，后金一面派军队彻夜攻城，一面将主力转移到城西南五里龙宫寺一带扎营。其目的：一则是龙宫寺距觉华岛最近，便于登岛；二则是龙宫寺囤储粮料，伴装劫粮。

努尔哈赤一向刚毅自恃，难以忍受宁远兵折之耻，誓要雪洗宁远兵败之辱。他决心以攻泄愤，以焚消恨，以胜掩败，以戮震威。

论及宁远一战，努尔哈赤25岁起兵征讨女真各部和讨伐明军以来，几乎战无不胜、攻无不克，只有在宁远吃了败仗。《明史》也称：

大清举兵征战以来，所向披靡，无坚不摧，没有一个明朝将领胆敢与八旗兵叫阵，袁崇焕开了个先例。在宁远一役受挫后，努尔哈赤心情非常不好，加上受伤，从此一蹶不振。

袁崇焕指挥这个战役很有儒将的风度，他坐着轿子在城头敌楼中督战，打了胜仗之后，还派使者给努尔哈赤送去了礼物，颇有《三国演义》中诸葛亮与周瑜羽扇纶巾、谈笑用兵的气派；也似南朝大将韦睿临阵时轻袍缓带

孙承宗画像

，乘舆坐椅，手持竹如意指挥军队。韦睿身子瘦弱，但战无不胜，敌军畏之如虎，称为"韦虎"。不过到了当真危急之时，袁崇焕也不能再扮儒将了，只得以"蛮子"姿态与后金死拼了。

高第因为没有援助宁远而被免职，以王之臣代替。袁崇焕升为右金都御史，属于正四品的官。

明朝与后金的宁远之战，明军在主战场——宁远城获胜，而在分战场——觉华岛失利，但总的说来胜利是主要的，所以明朝称这场胜仗为"宁远大捷"。

宁远之战，明朝之所以大捷，后金之所以大败，其原因错综复杂。

在政治方面：后金进攻宁远的战争，已由统一女真各部、反抗民族压迫的正义战争，变成为掠夺土地人民、争夺统治权力的不义战争，因而遭到辽东汉民的强烈反对。尤其是努尔哈赤对辽沈地区汉民的错误政策，引起后金与明朝两方面辖区汉民的不满和恐惧，从而促使宁远军民拼死抵御后金军的进犯。人心向背是袁崇焕获胜与努尔哈赤失败的一个基本因素。

在军事方面：三年之间，后金兵没有大的野战，额真怠惰，兵无斗志，器械不利；忙于整顿内务，未做军事准备。明朝袁崇焕却在积极备战，修筑坚城，整械备炮，训练士马——组成关宁防线。后金打了一场最为兵家所忌的无准备之仗。

在策略方面：以往后金向明进行攻坚战，在坚城深堑之前，炮火矢石之下，多以诱敌出城、铁骑驰突，或以智取力攻、里应外合而获胜。明军于沈阳和辽阳两城的失陷，都是犯了这两个同样的错误。这次袁崇焕坚壁清野、婴城固守，又"纵街民、搜奸细"。在宁远城里，"无夺门之叛民，内应之奸细"。努尔哈赤以劳赴逸，以主为客，以骑攻城，以箭制炮，引诱而明军不出城，派谍而城中不内应。后金军以短击长，终至败北。

在思想方面：后金军居于优势，努尔哈赤却思想僵化，骄傲轻敌；明军处于劣势，袁崇焕却群策群力，小心谨慎。后金刘学成在奏陈中分析道："汗自取广宁以来，马步之兵，三年未战，主将怠惰，军无战心，车梯、藤牌朽坏，器械不利。汗视取宁远甚易，故天使汗劳苦。"努尔哈赤犯了骄帅必败的错误。明军则正如天启皇帝谕旨所言："袁崇焕血书誓众，将士协心，运筹师中，调度有法，满桂等捍卫孤城，矢心奋勇"，故能"首挫凶锋"。明军官兵同心，上下一致，众志

袁
崇
焕

成城，夺得胜利。

在指挥方面：天命汗在宁远的对手已然不是庸拙无能的统帅杨镐，也不是纸上谈兵的经略袁应泰，更不是浪言求宠的巡抚王化贞，而是杰出的将领袁崇焕。袁崇焕在宁远之役中，"委任专，事权一"。但这不是经略高第委任的，而是袁崇焕拼死争得的。在宁远之战中，袁崇焕撄城固守，凭城用炮，调度得体，指挥有方，确实胜老谋深算的后金军统帅努尔哈赤一筹。

在武器方面：明军已然使用最新式的武器——红夷大炮，而八旗兵照旧袭用弓箭刀戈。后金兵的进攻被袁崇焕凭坚城、用洋炮所击败。在两军争战中，人的因素固然重要，武器的因素也很重要。在一定条件下，武器成为两军决战胜负的关键因素。袁崇焕说："虏利野战，唯有凭坚城以用大炮一著。"宁远获捷，使红夷火炮声名大噪。明廷封一门红夷大炮为"安国全军平辽靖虏大将军"。

可以说，明军之所以获得宁远大捷，以上六项因素，都占有相当重要的成分，但最关键的因素有两条——指挥正确与武器先进。这个先进武器就是红夷大炮。

"红夷大炮"是中国军事史上出现的最新的武器，也是明军装备中的最新、最得力的武器。明军在宁远之战中首次使用的正是红夷大炮，并因此获得成功。明军宁远之战的胜利，是袁崇焕凭坚城、用洋炮的胜利。这里有两个因素：一是用红夷大炮，二是城炮结合。通过宁远之战，袁崇焕认识到了红夷大炮的重要价值。他说："辽左之坏，虽人心不固，亦缘失有形之险，无以固人心。兵不利野战，只有凭坚城用大炮一策。"他从抚顺、清河、开原、铁岭、沈阳、辽阳、西平、广宁诸城失陷中认识到：旷野厮杀，明军所短；凭城用炮，明军所长。

红夷大炮

所以，"凭坚城、用大炮"是明军以长击短、克敌制胜的法宝。应当说，徐光启、孙元化等人提出"以城护炮、以炮卫城"的战术思想，而袁崇焕将这一战术思想应用于作战实践，并取得完全的成功。由是袁崇焕形成"凭坚城、用大炮"的守城战术。

相反，天命汗努尔哈赤失败的悲剧在于他根本没有认识到宁远运用新式武器"红夷大炮"的厉害，也没有认识到袁崇焕"凭坚城、用大炮"的守城战术。因此，后金军队毫无顾忌，蜂拥攻城，却遭到城上红夷大炮轰击，死伤惨重。后金在军事上犯了以己之短、攻彼之长的错误。而后金军的长处是平原野战，铁骑驰突，弓马取胜。朝鲜人李民寏在《建州闻见录》中论述道：后金"铁骑奔驰，冲突蹂躏，无不溃败"。这个论述抓住了后金战术的要害。然而，努尔哈赤没有认识到明军战术武器和战术思想的重大变化，继续使用旧的武器和旧的战术。出乎命汗努尔哈赤意料之外，铁骑冲到城下，遇上红夷大炮，遭到轰击，溃败而退。明兵坚守城池，施用大炮，改变了守城战术，以对付后金骑兵。努尔哈赤却没有看到这个新的变化，仍用旧的武器、旧的战术进攻宁远，吃了大亏，兵败城下，死伤惨重。

宁远大捷对明朝具有重大的意义，打破了后金军不可战胜的神话。在政治上，它对官心、军心与民心都有巨大的振奋作用，在军事上使刚建立的关宁防线初步经受住了考验。它证明了明军坚守城池，使用大炮，城炮结合，依靠坚城屏障，发挥洋炮威力，是阻止后金军强大攻势的有效手段。明朝方面所使用的武器与战术的改变，已经带有近代战争的特点，它反映了军事技术和战术的新进步。

总之，袁崇焕取得宁远大捷的主要原因是一句话："指挥正确，武器先进。"袁崇焕运用正确指挥和先进武器这两大法宝，后又夺取了宁锦大捷。

当年三月初九，明廷升袁崇焕为右佥都御史，巡抚辽东、山海等处，简称辽东巡抚；并铸巡抚辽东、山海等处提督军务官防。四月初五，辽东巡抚袁崇焕上《谢守城有功赏赐疏》。

袁崇焕取得宁远大捷后，主要做了两件事：第一件是派人到沈阳为努尔哈赤吊丧，兼贺皇太清太祖努尔哈赤福陵图极继位，并进行"议和"活动；第二件是修建坚城，建设"关宁锦"防线。

宁锦大捷——出奇制胜再挫敌

宁远大捷之后，袁崇焕迅速升为右佥都御史。随后，为了争取时间整顿军队和规划防御措施，袁崇焕只好与后金辗转在战与和之间。皇太极在经过长时间的议和中没有等到自己想要的结果。于是在天启七年五月六日，决定以战求和向宁锦攻来。没想到再次大败而归。

皇太极求和

努尔哈赤死后，他的第八个儿子皇太极继位。皇太极的智谋武略，实是中国历代帝皇中不可多见的人物，其才干见识，不在刘邦、刘秀、李世民、朱元璋之下。

努尔哈赤是罕有的军事天才，虎父无犬子。这个老将虽然死了，但继承人却是一个同样厉害的人物。皇太极的军事才能虽然比不上自己的父亲，但政治才能却有点青出于蓝而胜于蓝的味道。虽然说努尔哈赤死了，但袁崇焕所受到的压力却一点也没有减轻。皇太极继位之时，满洲正遭遇着极大的困难。努尔哈赤一死，满洲内部人心动荡。努尔哈赤的遗命是四大贝勒同时执政，行使的是集体领导制，皇太极的地位很不稳固。在经济上，因为与明朝开战，人参、貂皮等特产失去了传统市场。满洲当时在生产上是奴隶制，掳掠了大批汉人来农耕，生产力相当低。但军队大加扩充，这时已达 15 万人，军需补给发生了很大的问题，偏偏又遇上严重的天灾，辽东发生了饥荒。如向关内侵略，却又打不破袁崇焕这一关。

在这时候，皇太极订下了一个战略：侵略朝鲜。当时的朝鲜物产非常丰富，但兵力却非常薄弱，正因为如此，所以朝鲜成了皇太极理想的掠夺对象。皇太极进攻朝鲜，可以解决经济上、战略上的双重困难，可以说是两全其美，同时还可以在军事胜利之中树立很高的威望，巩固自己的权位。

明朝方面的困难也不小。训练一支既能守又能战，而且还能进一步收复失地的精锐野战军，是需要很长时间的。

袁崇焕任宁前道金事时，山海关外四城，纵深约200里，广约40里，屯兵6万余人，粮饷全靠关内供给。后来在孙承宗、袁崇焕主持下，恢复锦州、中屯、大凌河诸城，国防前线向北推展，屯田数千顷，兵士足食。高第代孙承宗为经略，尽弃锦州诸城，宁远没有了外卫，也没有了粮源。靠朝廷的接济是没有希望的，朝廷向来拖欠粮饷。袁崇焕做辽东巡抚，首要目标是修复锦州、大凌河等城堡的守备，然后屯田耕种。但筑城这一工程需要花费很长一段时间，在施工期间又不能受到敌人干扰，在和后金处于战争状态之时是无法进行的。

所以明与后金双方，都期望休战一段时期，以便进行自己的施工计划。明方是练兵、筑城、屯田，后金是进攻朝鲜，巩固统治。在这样的局势下，具备了充足的议和条件。

明方的议和是养兵蓄锐，他们最后目标是要消灭后金，收复全部的辽东失地。而后金的议和主要是守势，目的是为了巩固自己已经得到的土地，想让明方承认双方的现有疆界，双方和平共处，进行贸易。因为双方的国力相差实在太悬殊了。官方的纪录说明明朝当时的人口是6000多万，而实际上却远远不止这些，因为当时男丁要被政府征去服劳役，不参加的要缴钱代替，所以百姓当然尽可能地谎报人口。据外国学者们的估计差距很大，最高的估计认为那时中国人口是1亿5千万人。后金最多60万人。人口的对比是200：1甚至300：1。后金所占的土地，只是今日吉林、辽宁、黑龙江的一部分，与明方相比也是相差极远。

后金的长处，主要是其战斗力强劲和统帅高明的军事才能。只要袁崇焕镇守宁远，后金的长处就永远发挥不出来。持久地缠斗下去，后金肯定支持不住。

宁远大捷在军事上并没有十分重要的意义，因为这次战役并没有摧毁后金的主力，甚至没有削弱后金的战斗力。然而在政治上，却对士气与民心起到了非常巨大的振奋作用，这使明朝军民知道后金也会打败仗。经此一役之后，本来投降了后金的许多汉人官吏和士卒又逃回来了。宁远城头的大炮，轰碎了"女真万不可敌"的神话。

后金从来没有期望过自己真的能征服明朝。努尔哈赤和皇太极的祖宗，长期以来做明朝所封的边疆小官。努尔哈赤幼时住在明朝大将李成梁家里，类似童仆奴隶。所以他们对于明朝有先天性的敬畏，自卑感很强。宁远之战，使他们潜意识中隐伏着的自卑感又开始萌芽。

明朝是自己覆灭的，并非是让清朝打垮的。

后金与明军交战，始终强调"七大恨"，认为明朝有七件大事欺侮了女真人，逼得他们忍无可忍，才起兵反抗的。后金一直没有自居能与明朝处于平等地位。"七大恨"的基本思想，是抱怨明朝作为最高统治者，却在努尔哈赤与敌对部族发生争执时袒护对方，没有公平处理，那是下级对上级的申诉。例如第五大恨的"老女事件"，叶赫部的一个王公本来答应把他14岁的妹妹送给努尔哈赤为妾，但20年后，这个36岁的"老女"改嫁给蒙古王子，努尔哈赤认定是出于明朝的授意，身为上级却不秉公断事。

差不多在每个战役之后，后金总是建议谈和。因为他们对于目前的成就早就已经喜出望外了，只求朝廷正式承认他们所占的土地，让他们能永久保有，就已心满意足了。但明朝的态度从来都是置之不理，因为他们认为对方根本没有谈和的资格。明朝的态度是这样的："你们是朝廷的部属，只能服从命令，怎么能要求谈判和平？"这种死要面子的心理，使得明朝始终没有争取到一点喘息的时间来整顿军备、巩固防御。袁崇焕充分了解到争取暂时和平的重要性。努尔哈赤的逝世正是一个绝好的机会。这时刚好有一个五台山的喇嘛来到宁远。满洲人信佛教，尊崇喇嘛，袁崇焕就请喇嘛作为中间的使者，派了两名都司和随从共33人，于天启六年十月去沈阳吊祭努尔哈赤之丧，做初步的和平试探。但他知道朝廷绝不喜欢提"议和"两字，所以报告朝廷时，只说是派人去窥探虚实，再决定应该征讨还是招安。这种夸大的说法，目的只是为了满足皇帝和大臣们的虚荣心。

双方统帅都熟知《三国演义》中的故事，袁崇焕这出"柴桑口卧龙吊丧"，皇太极怎么会不懂。他将计就计，于十一月派了两名使者，与喇嘛一起来到宁远，致书袁崇焕，表示了和平的意向，其中说："你停息干戈，派喇嘛来吊丧，并贺新君登位。你既以礼来，我也当以礼往，所以派官来道谢。至于和议一事，我父亲上次来宁远时，曾有文书给明朝朝廷，请你转呈，但直到今天都没有答复。你的君主如果答应前书，愿意和平，应当以诚信为先。"

在书信中皇太极将后金与明朝平头并列。此时，袁崇焕深深地清楚当今朝廷的自高自大，对于文书的体例十分看重，如果真将来信转呈，必定要碰大钉子，同时看到信中语气也不是很客气，便告知使者说："此信格式不合，难以上奏。"并将原信交给使者退回。皇太极改写了信封上的格式，袁崇焕认为仍然不对，再次退回。皇太极第三次改写，自处于较低地位，袁崇焕才收了信。袁崇焕收了信并不代表明朝同意了，明朝依旧是一贯地不予理睬。

第二年正月，皇太极再遣使节，致书袁崇焕求和，信中说："两国所以构兵，在于以前明朝派到辽东的官员认为明朝皇帝是在天上，自高自大，欺压弱小部族，我们忍无可忍，才起兵反抗。"下面照例列举七大恨，然后提议讲和。讲和要送礼，要求最初缔结和约时明朝送给后金黄金十万两，白银百万两、绸缎百万匹、布千万匹。缔约后两国每年交换礼物，后金送礼：东珠十颗，貂皮千张、人参千斤。明朝送礼：金万两、银十万两、缎十万匹、布三十万匹。两国缔结和约后，就对天发誓，永远信守。

所提的要求是经济性的，可见当时后金深感财政困难，对布匹的需要尤其殷切。

大概猜想袁崇焕要奏报朝廷，等候批复，需要一些时间。所以隔了两个月后，后金的使者才回去，随同明方的使者，并带去袁崇焕及李喇嘛的书信各一封。猜想朝廷对金方的要求肯定是全部的拒绝，所以袁崇焕无法做出任何的让步，他的回信内容雄辩，文采焕发，说道："过去的纠纷，都是因双方边境小民口舌争论而引起的，这些人都已得到了应有的惩罚，就算再想追究，这些人也已经死了，我只希望双方都能将这些事情忘记。你十年的苦战，如果说只是为了这七件事，现在你的仇敌叶赫等人都早被你消灭了。为了你们用兵，辽河两岸死者何止是十人？仳离改嫁的也何止只有老女一个人？辽沈界内人民的性命都不能自保，还谈什么财物？你的仇怨早都报了，早已志得意满。

只不过这些极惨极痛的事情，我们明朝难以忍受罢了。今后若要和好，那么请问：你如何退出已占去的城池地方？如何送还俘虏去的男女百姓？只有盼你仁明慈惠、敬天爱人而做出决定了。你所要求的财物，以明朝物资的丰富，本来是不会小气的，只是过去没有成例，多取也不合天意，还是请你认真斟酌再做决定。和谈正在进行，你为什么又对朝鲜用兵？我们文武官属不免怀疑你言不由衷了。希望你撤兵，以证明你的盛德。"

李喇嘛的信中说，袁巡抚是活佛再世，对于是非道理，心里十分明白，这样的好人是很难遇到的，愿汗与各王子一切都放开了吧，佛说，"苦海无边，回头是岸"。

皇太极回信给袁崇焕说："过去的怨仇，当然是算了，否则冤冤相报何时了呢？我又何必议和修好？你们的土地和人民归我之后，都已安定，这是天意，如果重新归还，那既违反了天意，又对不起人民。后金之所以要出兵朝鲜，完全是由于朝鲜的不对，现在已经讲和了。说到"言不由衷"，为什么你一面说要修好，一面又派哨卒来我们的地方侦察，收纳我们逃亡的兵卒，官兵还逼近我方的边界，修筑城堡？其实你才是"言不由衷"，我将帅对你也大有怀疑。至于所要求的"初和之礼"，金银等可以减半，缎布只要原来要求的半成。我方也以东珠、人参、狐皮、貂皮等物还赠，表明双方完全公平。既和之后，双方互赠仍如前议。如果同意，希望办得越快越好。"

关于来往书信的格式，皇太极提议，"天"字最高，明朝皇帝低"天"一字，后金汗低明朝皇帝一字，明朝诸臣低后金汗一字。

他在答复李喇嘛的信中，抱怨明朝皇帝对他的书信从来不加理睬，又说：你劝我"苦海无边，回头是岸"，这话说得很对，但为什么你只劝我而不去劝明朝皇帝呢？如果双方都回头修好，那岂不是更好？

后来皇太极又写信给袁崇焕，抗议他修筑塔山、大凌河、锦州等城的防御工作，认为他这样做是缺乏和平的态度和诚意，并提议划定疆界。平心而论，明朝朝廷瞧不起后金，对于对方的来信也一概不答，只由地方官和对方通信，后金也难免气愤。后金的经济要求，虽然说是双方互赠，实质上当然是金方占大便宜。金方虽然答应赠送东珠、人参、貂皮等物，但这些东西大概最多也就只能抵过绸缎和布匹的钱，明方付出的每年一万两黄金、十万两银子，等于无偿赠予，打水漂。那时候一两黄金约等于十两银子（明初等于四两，后来金贵银贱），明朝每年以二十万两银子买得一年和平，代价低廉之至。熊廷弼守辽之时，单是他一军每个月的饷银就需十多万两银子。如果有了十年和平，大加整编军队，再出兵挑战，主动与被动的形势也就扭转过来了。

皇太极对于缎布的要求一下子就减少了百分之五十，而且又建议以适当礼物还报，希望和议尽快办理，可见对于缔结和平，他的确具有极大的诚意。他自知人口与兵力有限，经不起长期的消耗战。此后每发生一次战争，他便提一次和平要求。

当时议和的障碍主要在于明朝的文官身上。明朝的大臣熟悉史事，一提到与金人议和，立刻想到的就是南宋和金国的和议，人人都怕做秦桧。大家抱着同样的心理：赞成和金人议和，就是大汉奸秦桧。这是当时读书人心中的一个"条件反射"。

袁崇焕从实际情况出发主张议和，朝臣都不同意。辽东经略王之臣更为此一再弹劾袁崇焕，说这种主张就像宋人和金人议和那样愚蠢之至。

其实，明朝当时与宋朝的情况大不相同。在南宋时，金兵已占领了中国北方的全部，议和就等于放弃收复失地。但在明朝天启年间，金人只占领了辽东，辽西的南部还在明人的手中，暂时议和，影响甚小。

南宋之时，岳飞、韩世忠、张俊、吴璘、吴玠等人，都是兵精能战的大将，金人后方不稳，形势上利于北伐，不利于死守。议和是失却了恢复的良机。明末军队的战斗力远不及金兵，唯一可以依赖的只有西洋大炮。但当时的大炮十分笨重，不易搬动，只能用于守城，不能用于运动战。

金与宋议和的时候，宋方绝对屈辱，每年只是宋方片面进贡金帛，并非双方互赠。宋朝皇帝还要对金称臣。但在对于与明朝的议和，皇太极却心甘情愿低于明朝皇帝一级，只要求比明朝的诸臣高一级。皇太极一再表示，后金不敢与明朝并列，只希望地位比察哈尔蒙古人高一等就满足了。他和袁崇焕书信来往，态度上也是明显的谦恭。

可见宋金议和与明后金议和这两件事，根本不能相提并论。皇太极清楚明人是怎么想的，所以后来索性改了国号，不称金国，而称"大清"，以免引起汉人心理上敌对性的连锁反应。袁崇焕和皇太极信使往来，但因朝中大臣视和议如洪水猛兽，谈判全无结果。

当时私自主张和后金议和，不但冒举国之大不韪，而且是冒历史上之大不韪。中国过去曾因为受到外族军事的压力而议和，通常他们对这样的事情内心总会有抵触，总觉得这是具有屈辱性的，所以，汉族人对这件事情具有先天性的敏感，非常容易就将"议和""投降""汉奸"三件事联系在一起。只要军事准备不充分，就暂时与外敌议和以争取时间，中国历史上最出名的两个英明之主都曾做过这样的事情。汉高祖刘邦曾与匈奴议和，争取时间来培养国力，到汉武帝时才大举反击。唐太宗李世民曾与突厥议和（那时是他父亲李渊做皇帝，但和议实际上是李世民所决定的），等到整顿好军队后才派李靖北伐，大破突厥。不过这不是中国历史上传统观念的主流。主流思想是："与侵略本朝的外敌议和是投降，是汉奸。"其实，同样是议和，却在性质上有着根本的区别，绝不能一并而论，关键在于：议和是永久性的投降还是暂时的妥协，这里的议和停战只是策略，决不等于投降。然而明末当国的君臣都是庸才，对于敌我双方力量的对比、大局发展的前途都是茫无所知的，既无决战的刚勇，也无等待的韧力。对于袁崇焕精明正确的战略见解，朝廷之中却一致认为是"汉奸思想"。

袁崇焕当然知道现在的局势如果力排众议，对于自己肯定非常不利，然而他已将个人生死全然置之度外了，只是以大局为重。以他这样刚烈的人，对自己的名声自然是非常的爱惜，现在被人骂为"汉奸"，这可是最痛苦的事情了。比较起来，死守宁远、抗击大敌，在他心里并不算是难事，最多打不过，以死殉国就是了，这样也算心安理得。但现在却要背负"历史罪人、民族罪人"的罪名，这样问题就严重多了。越是那种无私的人、刚强的人，越是宁愿牺牲自己的性命也不愿意忍受耻辱；而越是儒家的书读得多，心中历史感极其深厚的人，也越是看重自己的名节。

他是一个冲动而又热情的豪杰，是"宁为直折剑、犹胜曲全钩"的志士，可是他终于决定要忍辱负重。

在他那个时代，绝对没有说尊重少数人意见的习惯和风度。往往是少数服从多数，根本不把少数人的意见放在眼里。包括袁崇焕自己在内，他们都一致相信"国人皆曰可杀"多半便是"可杀"。那是一个非此即彼、决不容忍异议的时代，是正人君子纷纷牺牲生命而只

宁锦大捷——出奇制胜再挫敌

是为了提出正义见解的时代。卑鄙的奸党越是在朝中作威作福，士林中对风骨和节操越是看重。东汉和明末，是中国历史上读书人道德价值最受重视的两个时期。岁寒坚节，在当时的道德观念中，与"忠""孝"具有相同的地位。他很爱交朋友，知交中有不少是清流派的人。如果他最终因主和而为天下士论所不齿，那么对他将是非常严重的影响。

他对后金的和谈并不是公开进行的，因此并没有受到普遍性的打击，但他当然预料到纸是包不住火的，将来总有一天要公开，与后金议和的谴责不可避免地会落到自己的头上。

诸葛亮出师北伐，天下人都知道他的忠诚；岳飞苦战抗敌，天下人也都知道他的勇敢。袁崇焕的功业或许比不上诸葛亮和岳飞，当然，这也是很难做对比的，然而他身处嫌疑之地而行举世嫌疑之事，这种精神上的痛苦负担，诸葛亮和岳飞却有幸不必经历。袁崇焕有一句诗："辛苦后人知。"当真是英雄寂寞，壮士悲歌。他明明知道不能得到当时人的谅解，但他还是那样做了，他只盼望自己这番苦心孤诣能为后人所知。

正确的战略决策无法执行，朝政也越来越腐败，在魏忠贤笼罩一切的邪恶势力下做官，随时都可能丢掉性命。关外酷寒的气候，生长于亚热带的广东人实在是觉得难以忍受。在这期间，袁崇焕从广东招募来的人员中有一些人要回故乡去了。袁崇焕作了一首诗《边中送别》，为这些人赠别，表达了他在逆境中坚定的决心。

五载离家别路悠，送君寒浸宝刀头。欲知肺腑同生死，何用安危问去留？

策杖只因图雪耻，横戈原不为封侯。故园亲侣如相问，愧我边尘尚未收。

 朝内竞争

那时，魏忠贤的势力庞大，朝中有一批阿谀无耻之徒去奉承他，而且魏忠贤渐渐掌握了皇帝的权力。官员们称熹宗是"万岁"，有些官员见了魏忠贤叫"九千岁"，表示他只比皇帝差了那么一丁点儿。到后来，个人崇拜更是大张旗鼓，搞得如火如荼，全国各地为魏忠贤建生祠。本来，人死了才入祠堂，可是他"九千岁"活着的时候就起祠堂，祠中的神像用真金装身，派武官守祠，百官进祠要对他的神像跪拜，这可是货真价实的个人崇拜。

魏忠贤本来是个无耻之徒，年轻时爱和人赌钱，输得什么都没有，欠了赌债他也不还，最后，给人侮辱追讨，他实在是吃不消了，才跑到宫里做了太监。他虽然不识字，但记性特别好，是个完全没有受过教育的赌棍。但是谁又能想到，就是这样一个赌棍，却掌握了当世第一大国的军政大权。

宁锦大捷——出奇制胜再挫敌

魏忠贤自从窃夺权柄之后，相继贬斥东林，控制阁部，提督东厂，广布特务，恣意抢掠，刀锯忠良，祸及封疆，败坏辽事。客氏和魏忠贤擅权，内结宫闱保证自己的权力不受侵犯，外纳朝臣而作威作福。而天启帝则成了他们的傀儡。他们怕妃子们说出他们的罪状，便下旨赐泰昌帝选侍赵氏自尽，幽禁并潜杀怀有身孕的天启帝裕妃张氏，设计堕皇后张氏胎，又杀冯嫔、禁成妃，以及谋害宫嫔冯贵人等。将天启帝妃嫔女侍尽为控制，以擅权柄，残害东林。他们为使"内外大权，一归忠贤"，安插率先附己的顾秉谦和魏广微等入阁，又将东林党的阁臣、六部尚书和卿贰以及科、道次第罢黜。天启四年即天命九年（1624年）六月，正当孙承宗、袁崇焕营筑宁远、日复辽土的时候，副都御史杨涟劾魏忠贤罪疏奏上。阉党气焰更嚣，中官聚围首辅叶向高府第。后逐吏部尚书赵南星等。东林党首辅叶向高、次辅韩爌等先后罢去，阉党顾秉谦、魏广微柄政。魏忠贤夺取了朝廷内外大权。

魏忠贤专权后，因为孙承宗功高权重，德劭资深，声誉满朝野，魏忠贤就想把他据为己用，让他跟随自己。于是令刘应坤等人去向孙承宗申明自己的意思，并且还送了些金银。没想到孙承宗刚直不阿，拒绝了他。魏忠贤见孙承宗不从自己，心里非常生气。孙承宗疾恶如仇，杨涟疏劾魏忠贤二十四大罪，孙承宗诗赞其"大心杨副宪，抗志万言书"。御史李应昇奏疏弹劾阉竖，魏忠贤看其与孙承宗同党。十一月，魏忠贤尽逐左副都御史杨涟、吏部尚书赵南星、左都御史高攀龙、左佥都御史左光斗等。孙承宗正西巡蓟、昌，欲抗疏阉党，请以"贺圣寿"入朝，面奏机宜，疏论魏忠贤罪端。魏广微得报，奔告魏忠贤："承宗拥兵数万，将清君侧，兵部侍郎李邦华为内主，公立齑粉矣！"魏忠贤惶惧，到熹宗前，绕御床哭。天启帝为之心动，命内阁拟旨。

次辅顾秉谦奋笔书曰："无旨离信地，非祖宗法，违者不宥！"午夜，开大明门，召兵部尚书入，命以三道飞骑，阻止孙承宗入觐。又矫旨命守九门宦官："承宗若至齐化门，反接以入！"孙承宗抵通州后，闻命而返。孙承宗在《高阳集》中记载请入觐不果时写道："要入欲并杀予，曰杨、左辈将以谋清君侧。"

孙承宗返回之后，天启五年即天命十年（1625年）五月，高第为兵部尚书，阉党控制枢部。七月，魏忠贤诬杀杨涟、左光斗等于狱。时东林"累累相接，骈首就诛"。正值魏忠贤要借机削夺孙承宗兵权时，八月发生马世龙柳河之败。

马世龙，宁夏人，由世职举武会试，历游击、副总兵。马世龙人长得不错，孙承宗也觉得他是个人才，便推荐他当总兵官。一次，孙承宗出镇办事，又推荐马世龙为山海总兵。马世龙非常感恩孙承宗知遇之恩，非常效力，并与孙承宗定计出守关外诸城。天启四年即天命九年（1624年），马世龙偕巡抚喻安性及袁崇焕东巡广宁，又与袁崇焕、王世钦航海抵盖州海滨，相度形势，扬帆而还。其时，孙承宗统士马10余万，用将校数百人。马世龙自信势强，遣师轻袭，兵败柳河。总兵马世龙遣前锋副将鲁之甲、参将李承先，率小股军队，从娘娘宫渡口过河，夜袭后金耀州（今辽宁省营口市岳州村），败于柳河，鲁、李战殁，死士400人，丢马670匹，弃甲600余副。言官交章劾奏，抨劾马世龙，并及孙承宗，参劾章疏，达数十道。圣旨严厉切责，令其戴罪图功。孙承宗气急，连上二疏，进行自辩，并请罢官。魏忠贤拟由阉党高第代孙承宗。高第性情懦弱，不敢接受，"叩头乞免"，魏忠贤不听。十月，孙承宗以患病为由上疏告假获准而去。孙承宗离职前，袁崇焕深感"边事不可为"，见到孙承宗时，痛哭流涕。明以兵部尚书高第代孙承宗为辽东经略。孙承宗罢去，阉党分子兵部尚书高第代为经略，辽东形势，急剧逆转。

柳河兵败，实际上是马世龙轻敌冒进的结果。但当时朝中魏忠贤势力日炽，阉党与东林党争斗日盛，东林党首领、大学士韩爌被迫去职，孙承宗深得天启帝的赏识，自然会惹魏忠贤嫉妒，他本想贿赂孙承宗，将他笼络为自己人，没想到孙承宗不吃他这套。魏忠贤大为恼火，于是，他便想趁柳河之败铲除孙承宗。最后，孙承宗被迫请辞离去。

袁崇焕知道孙承宗一走，很难再找到与自己战略思想如此相同的人了，边防必然随之难守。所以，当他看到孙承宗时，便痛哭流涕，请求一起离职，天启帝没有批准。

袁
崇
焕

宁锦再胜

明军在宁锦建立的防线，是一个极其复杂的辽西军事防御系统。先是明朝在辽东陆路设镇、路、卫、所、堡防御体系。明朝辽东都司共设有两个镇，辽河以东为辽阳镇，辽河以西为广宁镇。明失陷辽阳镇和广宁镇之后，其陆路防御体系被后金军打破。明朝为阻遏后金军南犯，需在关外辽西走廊建立一道从山海关、经宁远、到锦州的防御系统，这就是关宁锦防线。关宁锦防线分为南北两段：南段，从山海关到宁远，约200里；北段，从宁远经松山、锦州至大凌河，也约200里。关宁锦防线以山海关为后盾总枢、宁远为中坚关城、锦州为先锋要塞，诸城堡台成为联防据点的串珠式防线。早在宁远之战以前，当时的明辽东经略高第主动撤离锦州、右屯、大凌河、小凌河、松山、杏山、塔山、连山等城堡，使得关宁锦防线的北段即宁远到锦州的防线未能巩固，且遭破坏。幸好袁崇焕坚守宁远，取得宁远大捷，保住了关宁锦防线南段的关宁防线。袁崇焕在取得宁远大捷后，奏报旨准，集中力量，建立关宁锦防线的北段——宁远到锦州的防线，防御后金进攻。

宁远保卫战取得重大胜利后，功臣袁崇焕、满桂等人都受到了加官晋爵的奖励。天启六年二月初二，袁崇焕晋升为都察院右佥都御史（正四品），驻守宁远，全权负责关外军务。到三月初九，又兼任辽东巡抚，山海关军务一并纳入其管辖范围。满桂、赵率教晋升为总兵。袁崇焕的家人、点炮手罗立也升为把总。

在这段时期中，皇太极进攻朝鲜，打了几个胜仗后，朝鲜投降，订立了对后金十分有利的和约，每年从朝鲜得到粮食、金钱和物品的供应。皇太极本来提出三个条件：割地、擒毛文龙、派兵一万助攻中国。朝鲜对这三个条件无法接纳，但在经济上尽量满足后金的要求。同时在此后的明清战争中，朝鲜改守中立，使后金免除后顾之忧。

在皇太极对朝鲜用兵之时，袁崇焕则加紧修筑锦州、中左、大凌河三城的防御工事，派水师去支援皮岛的毛文龙，另派赵率教、

宁锦大捷——出奇制胜再挫敌

朱梅等九员将领率兵九千，进兵三岔河，牵制后金军，做朝鲜的声援。但朝鲜不久就和后金订了城下之盟，赵率教等领兵而回，并未和后金接触。

皇太极无法和明朝达成和议，却见袁崇焕修筑城堡的工作进行得十分积极，时间越久，今后的进攻就会更加困难，于是决定"以战求和"，对宁远发动攻击。

天启七年即天聪元年（1627年）五月初六，后金天聪汗皇太极，以"明人于锦州、大凌河、小凌河筑城屯田"，没有议和诚意为借口，亲率数万军队，谒堂子，出沈阳，举兵向西，进攻宁（远）锦（州）。

袁崇焕得到后金兵已过辽河的哨报后，立即部署：满桂移驻前屯，孙祖寿移驻山海关，黑云龙移驻一片石。锦州防务以副总兵左辅统金国奇为左翼，以副总兵朱梅为右翼，平辽总兵赵率教居中调度，贾胜领奇兵东西策应，镇守太监纪用驻锦州。对于其他相关事宜，做了相应安排。

初九，皇太极率兵到达广宁的旧边，命贝勒德格类、济尔哈朗、阿济格、岳讬、萨哈廉、豪格率护军精骑为前队，攻城诸将率绵甲军等携云梯、挨牌诸器械为后队，亲自同大贝勒代善、二大贝勒阿敏、三大贝勒莽古尔泰率领大军居中，八旗三队，鱼贯而行。后金军行进，分为前、中、后三队；作战，则列为左、中、右三路。初十日，皇太极至广宁。后金军士捉获明军哨卒，经讯问得知：右屯卫以百人防守，小凌河、大凌河虽修城未竣也有兵驻防，锦州城修缮已毕、马步卒3万人。皇太极命乘夜进军，轻取右屯卫城，直奔大凌河城。

十一日，后金军由纵向的前、中、后三队，调整为横向的左、中、右三路——皇太极亲自率两黄旗和两白旗兵为中路，直趋大凌河城；

袁崇焕

大贝勒代善、二大贝勒阿敏，贝勒硕讬及总兵官、固山额真等，率两红旗和镶蓝旗兵为右翼，直趋锦州城；三大贝勒莽古尔泰率正蓝旗兵为左翼，直取右屯卫。中路皇太极军逼近大凌河城，时城工未竣，守城兵撤往锦州。左翼莽古尔泰军逼近右屯卫，时城工也未竣，守军逃遁，奔向锦州。后金军轻取大凌河、右屯卫两城后，三路大军，会师锦州，距城一里，四面扎营。

锦州激战后金兵进抵锦州城外，四面扎营布兵，将锦州城严密包围。时明太监纪用、总兵赵率教驻锦州，负责筑城、守城。当后金兵将至时，左辅等人，撤入锦州，凭城固守，准备抵抗。沿边小堡，也都撤兵，归并大城，坚壁清野，合力御敌。

锦州城，即广宁中屯卫城，位于小凌河与哈喇河之间，北依红螺山，南临辽东湾，地处险要，势踞形胜，为明关宁锦防线的前锋要塞。明洪武二十四年（1391年），指挥曹奉修筑。城周围五里一百二十步，高二丈五尺。成化十二年（1476年），都指挥王锴增广南北四十五丈、东西九十五丈。弘治十七年（1504年），参将胡忠、备御管升并城南关，周围六里一十三步，形式若盘，俗称之盘城。池深一丈二尺，宽三丈五尺，周围七里五百七十三步。城门为四：东宁远，南永安，西广顺，北镇北。天启七年（1627年）春，袁崇焕遣官督班军缮竣锦州城。锦州城由内监纪用和总兵赵率教驻守，总兵左辅、副总兵朱梅为左、右翼，统兵三万，凭城御敌。时"总兵赵率教惩浑河、沈阳之事，不纳溃兵"。后金将收降台堡降卒两千纵还锦州，但赵率教坚拒降卒不许进城。

十二日，纪太监和赵总兵派官到后金军大营，商谈议和。先是，明军对后金来犯，备中有虞。所谓备，就是缮城整军，治械储粮；所谓虞，就是夏季敌军来犯，出乎预料。辽东巡抚袁崇焕在锦州被围九天之前，疏称："无奈夹河沮洳，夏水方积，未可深入，而夷且聚兵以俟也；水潦既退，禾稼将登，况锦州诸城一筑，又东虏之必争。"即认为后金必定来攻，但约在秋稼登场、水潦退后的秋冬季。后金军突然围城，明军准备不足。所以，纪太监和赵总兵遣官往皇太极大营议和，拖延时间，以待援兵。

纪用和赵率教派出守备一员、千总一员，缒城而下，到后金大营，谈判讲和。皇太极冀望锦州不战而降，轻取胜利，便以礼接待来使。皇太极对锦州来使强硬地表示："尔欲降则降，欲战则战！"并给纪用、赵率教写了回书，称："或以城降，或以礼议和。"信带回后，迟不见复。皇太极下令攻城，锦州激战终于爆发。

同日中午，明总兵赵率教奏报：后金军"分兵两路，抬拽车梯、挨牌，马步轮番，交攻西、北二面。太府纪用同职及总兵左辅、副总兵朱梅，躬披甲胄，亲冒矢石，力督各营将领，并力射打。炮火矢石，交下如雨。自辰至戌，打死夷尸，填塞满道。至亥时，奴兵拖尸，赴班军采办窑，（以）木烧毁，退兵五里，西南下营"。《清太宗实录》记载："午刻，攻锦州城西隅。垂克，明三面守城兵来援，火炮、矢石齐下。我军遂退五里而营。遣官调取沈阳兵。"皇太极初战失利，派人到沈阳调兵增援。

是日，后金军攻城不下，受到重大的损失，后退五里结营。城里与城外，议和与兵锋，尔来我往，交替进行。

十三日凌晨，后金以骑兵围城，环城而行，却不敢靠近城垣。皇太极三次派遣使者到城下说降，都被赵率教拒之城外。赵率教站立城上，对城下的后金使者说："城可攻，不可说也！"皇太极得报后，传令攻城。后金兵攻城，增加伤亡，别无所获。皇太极再发劝降书，用箭射到城里，连射数封信，城里无反响。

十五日，皇太极"遣使至明锦州太监纪用处，往返议和者三"。太监纪用亦遣使随往，提出后金派使臣到城中面议。皇太极命绥占、刘兴治往议，但锦州城闭门不纳。

十六日，明太监纪用遣守备一员、千总一员，又到皇太极帐下，言"昨因夜晦，未便开城延入，今日可于日间来议"。皇太极或求和心切，并等待援兵，再遣前二人，随明使臣，回锦州城，但明军仍闭城不纳。且赵率教凭城堞高喊："汝若退兵，我国自有赏赉！"又令二使臣随同绥占、刘兴治赴皇太极大营。

皇太极令明使者带回书曰："若尔果勇猛，何不出城决战，乃如野獾入穴，藏匿首尾，狂嗥自得，以为莫能谁何！不知猎人锹镢一加，如探囊中物耳。想尔闻有援兵之信，故出此矜夸之言。夫援兵之来，岂唯尔等知之，我亦闻之矣。我今驻军于此，岂仅为围此一城？正欲俟尔国救援兵众齐集，我可聚而歼之，不烦再举耳！今与尔约，尔出千人，我以十人敌之，我与尔凭轼而观，孰胜孰负，须臾可决。尔若自审力不能支，则当弃城而去，城内人民，我悉纵还，不戮一人；不然，则悉出所有金币、牲畜，饷我军士，我即敛兵以退。"

天聪汗皇太极此书，意在激纪太监和赵总兵派军出城野战，以决雌雄，打消他们等待援兵解围的希望，进而劝其弃城而去；抑或罄城中财物给后金，还报之以解围撤军。城中纪太监、赵总兵断然予以拒绝。

同日，明辽东巡抚袁崇焕派人送给纪用、赵率教的书信被后金兵截获，内称"调集水师援兵六七万，将至山海关，蓟州、宣府兵亦至前屯，沙河、中后所兵俱至宁远。各处蒙古兵，已至台楼山。"，云云。此信，当是袁崇焕的诓骗信，皇太极却信以为真。

十七日，皇太极收缩对锦州城的包围，聚兵于城西二里处结营，以防明朝来援的军兵。

十八日，天聪汗急不可耐，"命系书于矢，射入锦州城中"。皇太极再次劝降。锦州城中的纪太监和赵总兵，对其劝降不予理睬。

十九日至二十四日，后金军继续围城。

二十五日，后金固山额真博尔晋侍卫、固山额真图尔格副将，率援兵从沈阳来到锦州行营，以增强攻城的兵力。

至二十六日，后金军已围城 15 日。其间以军事手段攻城，不克；以政治手段议和，不议；诱其出城野战，不出；布局奇兵打援，不获。时值初暑，后金官兵，暴露荒野，粮料奇缺，人马疲惫，士气低落。

二十七日，后金军分兵为两部：一部继续留驻锦州，在锦州城外凿三道濠，加以包围；另一部由皇太极率领官兵数万，往攻宁远。此前，袁崇焕军同皇太极军相遇激战。

出援交锋"锦州危困，势在必援"。这是因为，若锦州失陷，则宁远困危，关门动摇，京师震惊。因而，后金围困锦州，明朝必调援兵。后金也在盘算，集中兵力围攻锦州，明兵必来救援，诱其野战争锋，发挥骑射长技，一举歼灭明军。袁崇焕也头脑清醒：不发援兵，锦州危机；如发援兵，"正堕其计"。明军援锦，易中敌计，失恃坚城，恐遭包围。

辽东巡抚袁崇焕既要固守宁远，又要出援锦州。首先是固守宁远，他提出："坚壁固垒，避锐击惰，相机堵剿。"兵部尚书王之臣批准他的方略，下令"关外四城各当坚壁，断不可越信（地）而远援"。其次是出援解围。因锦州安危，系宁远存亡。兵部认为，"为今之计，急以解围为主，而解围之计，专以责成大帅为主"。天启帝把"援锦之役"责成满桂、尤世禄、祖大寿三将负责，其余坚守信地。但是，总督蓟辽、兵部尚书阎鸣泰题奏："今天下以榆关为安危，榆关以宁远为安危，宁远又依抚臣为安危，抚臣必不可离宁远一步。而解围之役，宜专责成大帅。"此奏，得旨："宁抚还在镇，居中调度，以为后劲。"就是说，朝廷为着确保宁远，不允许袁崇焕亲自率领援兵，前往救援；而令满桂、尤世禄、祖大寿等率军一万，驰援锦州。

先是，十六日，明山海总兵满桂率援兵往锦州，过连山，到笊篱山，同后金护卫运粮的偏师相遇。据《清太宗实录》记载，"三大贝勒莽古尔泰，贝勒济尔哈朗、阿济格、岳讬、萨哈廉、豪格率偏师，往卫塔山运粮"，与明军相遇。后金军由六位贝勒率领，是一支战斗力很强的骑兵。明兵不敢前行，徐缓后退；后金兵则紧跟，谨慎随进。八旗军后续部队赶到，即分作两翼，夹围明军。《三朝辽事实录》记载：明军在笊篱山被围，"奋勇力战，虏死甚众"。满桂、尤世禄奋勇而前，内外夹攻，拼力冲杀，突破包围。两军交锋，各有死伤。双方互存戒心，战斗很快结束。明援军回到宁远，后金军回到塔山。明军援锦州，有实有虚。后者，袁崇焕计诳皇太极便是一例。同日，《清太宗实录》记载：后金捕捉宁远信使，截获袁崇焕给纪太监、赵总兵的"密信"。信称，"调集水师援兵六七万，将至山海；蓟州、宣府兵亦至前屯；沙河、中后所兵俱至宁远；各处蒙古兵已至台楼山，我不时进兵"，云云。皇太极信以为真，即收缩围锦兵力，聚集于城西，以防明援师。

宁锦大捷——出奇制胜再挫敌

十九日，袁崇焕派出奇兵，进逼扰敌。他说："且宁远四城，为山海藩篱，若宁远不固，则山海必震，此天下安危所系，故不敢撤四城之守卒而远救，只发奇兵逼之。"袁崇焕设奇兵四支援锦：一是募死士200人，令其直冲敌营；二是募川、浙死卒，带铳炮夜惊敌营；三是令傅以昭率舟师东出而抄敌后；四是令王喇嘛往谕蒙古贵英恰等从北入援，牵制敌人。以上诸措施，均未见实效。

后金皇太极见诱明援军野战不成，锦州攻城不下，派使劝和不降，便向西移师，攻打宁远城。

宁远激战二十七日，早晨，天聪汗皇太极率大贝勒代善、二大贝勒阿敏、三大贝勒莽古尔泰和贝勒济尔哈朗、阿济格、萨哈廉等八旗官兵，往攻宁远。

时宁远城内，辽东巡抚袁崇焕偕内镇太监驻守，督率将士，登陴严防。袁崇焕指挥明军撤进壕内，总兵孙祖寿、副将许定国率军在西面，满桂令副将祖大寿、尤世威等率军在东面，余在四周，分守信地，整备火器，准备迎战。城外，布列车营，前掘深壕，作为屏障，明兵都撤到濠内侧安营。以"副将祖大寿为主帅，统辖各将，分派信地，相机战守"。满桂率援军也在城外助守。宁远城坚、池深、炮精、械利，诚谓"宁城三万五千人，人人精而器器实"。袁崇焕此次固守宁远，除"凭坚城以用大炮"外，还布兵列阵城外，同后金骑兵争锋。他先遣车营都司李春华，率领车营步兵1200人，掘濠以车为营，列火器为守御。

二十八日黎明，后金兵出现在宁远城北岗，于灰山、窟窿山、首山、连山、南海，分为九营，形成对宁远包围态势。皇太极率诸贝勒巡视阵前，说："其地逼近城垣，难以尽力纵击，欲稍后退，以观明兵动静。"于是，后金军后撤，退到山冈背侧。他的意图是，引诱明兵趁他们后撤时发起冲锋，使之离开自己的阵地，给后金兵创造驰骑纵击的机会，以便全歼城外明兵，但明兵坚垒不动。

明辽军与后金军在宁远城，展开激烈的攻守战。袁崇焕列重兵，阵城外，背依城墙，迎击强敌。总兵满桂、副将尤世威和祖大寿等率精锐之师，出城东二里结营，背倚城垣，排列枪炮，士气高涨，严阵以待。皇太极见满桂军逼近城垣，难以驰骋纵击，便命军队退依山冈，以观察明军动向。天聪汗皇太极欲驰进掩击，贝勒阿济格也欲进战；大贝勒代善、二大贝勒阿敏、三大贝勒莽古尔泰"皆以距城近不可攻"为由，"劝上勿进"。天聪汗皇太极对于三位大贝勒的谏止，怒道：昔皇考太祖攻宁远，不克；今我攻锦州，又未克。似此野战之兵，尚不能胜，其何以张我国威耶！

言毕，皇太极亲率贝勒阿济格与诸将、侍卫、护军等，向明军驰疾进击，冲车阵，攻步卒。诸贝勒不及披甲戴胄，仓促而从。明总兵满桂、副将尤世威率军迎战，短兵相接，颇有杀伤。明军与后金军两支骑兵，在宁远城外展开激战，矢镞纷飞，马颈相交。明总兵满桂身中数箭，坐骑被创，尤世威的坐骑也被射伤；后金贝勒济尔哈朗、萨哈廉及瓦克达俱受伤。两军士卒，各有死伤。明军给后金军以杀伤，后金军予明车营以重创。

明军骑兵战于城下，炮兵则战于城上。袁崇焕亲临城堞指挥，"凭堞大呼"，激励将士，并命从城上以"红夷大炮""木龙虎炮""灭虏炮"等火器，齐力攻打。参将彭簪古以红夷大炮击碎八旗军营大帐房一座，其他大炮则将"东山坡上奴贼大营打开"。明军车营马步官兵，不畏强敌，安营如堵，且"鳞次前进，相机攻剿"。激战之中，后

宁锦大捷——出奇制胜再挫敌

镶黄旗甲胄

金兵死于炮火之中，明官兵倒于刀箭之下，横尸城外，尸填壕堑。至午，皇太极以其三员骁将"受伤，退兵，至双树堡驻营"。

从早晨到中午，明兵死战不退，后金军伤亡重大。明太监监军刘应坤奏报称："打死贼夷，约有数千，尸横满地。"后金档案记载："瞬间攻破其营阵，而尽杀之。"后金贝勒济尔哈朗、大贝勒代善第三子萨哈廉和第四子瓦克达俱受重伤，游击觉罗拜山、备御巴希等被射死。蒙古正白旗牛录额真博博图等也战死。后金军死伤甚多，尸填壕堑。

宁远比锦州，城池更坚深，兵马更精壮，火炮更猛烈，指挥更高明，尤其是有袁崇焕坐镇指挥，满桂、祖大寿、尤世威等猛将在城外搏击。后金兵无法靠近城池，甚至没有攻到城下。

经过宁远激战，皇太极亲见袁巡抚麾下炮猛兵勇，八旗官兵伤亡惨重，命令停止进攻，撤退到双树铺。后金将死者尸体也运到这里焚烧。

二十九日，后金天聪汗皇太极率军撤离宁远，退向锦州。

宁远城攻守战，皇太极攻城而不克；袁崇焕守城而全城。这就是明朝与后金宁远激战的结论。

皇太极攻宁远不克，又转攻锦州。

二十九日，皇太极率军撤离双树堡。翌日，到锦州城下。

先是二十八日，当后金兵在宁远城下激战之时，锦州的明兵趁后金军主力西进、势单力薄之机，突然大开城门，蜂拥冲杀出来，攻向后金大营，予敌一定杀伤。稍获初胜之后，迅即撤退回城。后锦州战报送到皇太极手里，他感到宁、锦前后、腹背受敌，不得不迅速从宁远撤军。

至此，皇太极回到锦州城外，命官兵向城举炮、鸣角，跃马而前。又令军士大噪三次，才入营。以后数日，后金军继续围困锦州城。白天，以万骑往来，断城出入；夜晚，则遍举薪火，示警干扰。

六月初三，皇太极见劝降无效，准备向锦州城发起进攻。后金军列八旗梯牌，陈火器攻具，相视四周形势，以备明日激战。

初四，凌晨，天聪汗皇太极设大营于城东南二里的教场，命数万官兵攻打锦州城南隅，卯刻进兵，辰刻攻城，顶冒挨牌，蜂拥以战。其他三面，列军佯攻，牵制明兵。明军从城上用火炮、火罐与矢石下击，后金军死伤众多。后金兵冒死运车梯，强渡城濠。濠深且宽，不得渡过，拥挤濠外，遭炮轰击，纷纷倒毙，尸积如山。皇太极无视军兵惨死，力督攻城，必欲夺城。至午，后金兵伤亡，更倍于午前。明军凭借坚城深壕，从城上发射火器，后金兵无法靠近城墙。傍晚，经过一天激战，皇太极见明军凭依高城深堑，施放强大火力，气候炎热，士气低落，攻城不下，遂命撤军回营。

锦州城外激战，后金军的损失，明总兵赵率教疏报：此役后金兵

宁锦大捷——出奇制胜再挫敌

伤亡"不下两三千"。明镇守太监纪用奏报："初四日，奴贼数万，蜂拥以战。我兵用火炮、火罐与矢石，打死奴贼数千，中伤数千，败回贼营，大放悲声。"

初五日，凌晨，天聪汗皇太极开始从锦州撤军。经小凌河城，拆毁明军工事。初六日，至大凌河城，毁坏城墙，然后东去。皇太极的父汗努尔哈赤在《清太祖武皇帝实录》中曾留下遗训："至于攻城，当观其势，势可下，则令兵攻之，否则勿攻。倘攻之不拔而回，反辱名矣！"皇太极背负"辱名"之痛，于十二日回到沈阳。

初六日，辽东巡抚袁崇焕上《锦州报捷疏》言：仰仗天威，退敌解围，恭纾圣虑事。准总兵官赵率教飞报前事，切照五月十一日，锦州四面被围，大战三次三捷。小战二十五日，无日不战，且克。初四日，敌复益兵攻城，内用西洋巨石炮、火炮、火弹与矢石，损伤城外士卒无算。随至是夜五鼓，撤兵东行。尚在小凌河扎营，留精兵收后。太府纪与职等，发精兵防哨外。是役也，若非仗皇上天威，司礼监庙谟，令内镇纪与职，率同前锋总兵左辅、副总兵朱梅等，扼守锦州要地，安可以出奇制胜！今果解围挫锋，实内镇纪苦心鏖战，阁部秘筹，督、抚、部、道数年鼓舞将士，安能保守六年弃遗之瑕城，一月乌合之兵众，获此奇捷也。为此理合飞报等因到臣。臣看得敌来此一番，乘东江方胜之威，已机上视我宁与锦。孰知皇上中兴之伟烈，师出以律，厂臣帷幄嘉谟，诸臣人人敢死。大小数十战，解围而去。诚数十年未有之武功也！

宁锦之战，后金军攻城，明辽军坚守，凡二十五日，宁远与锦州，以全城而结局。明人谓之"宁锦大捷"，载入中国战争史册。

天启七年五月，皇太极亲率两黄旗、两白旗精兵，进攻辽西诸城堡，攻陷明方大凌河、小凌河两个要塞，随即进攻宁远的外围要塞锦州。

五月十一，皇太极所率大军攻抵锦州，四面合围。这时守锦州的是赵率教，他和监军太监纪用守城，派人去与皇太极议和，那自是缓兵之计，以待救兵。皇太极不中计，攻城愈急。

袁崇焕派遣祖大寿和尤世禄带了四千精兵，绕到后金军后路去包抄，又派水师去攻东路，作为牵制。这时天热，海上不结冰，水师用得着了。

赵率教是陕西人，这人的人品本来很低。努尔哈赤攻辽阳时，赵率教是主帅，袁应泰的中军（参谋长）。袁应泰是不懂军事的文官，赵率教却没有尽到他做主帅的责任，因此，这个战役指挥得一塌糊涂。后金攻破辽阳，袁应泰殉难，赵率教却偷偷逃走了，论法当斩，但不知道是什么原因使他竟然能够得以幸免，想来是贿赂了上官。后来王化贞大败，关外各城都成为无人管的地方，赵率教申请戴罪立功，带领了家丁前去接收前屯卫，但到达时发觉已被蒙古人占住，他便不敢再进。努尔哈赤攻宁远，赵率教在前屯卫，距离很近，自己不亲去赴援，后来宁远大捷，他却想分功，以致给满桂痛骂，酿成了很大风波。

赵率教和满桂发生冲突的时候，袁崇焕是相当支持他的。赵率教感恩图报，又得袁崇焕时时勉以忠义，到锦州大战时，他突然之间像变了一个人。他和前锋总兵左辅、副总兵朱梅等率兵奋勇死战，和皇太极部下的精兵大战 3 场，胜了 3 场，小战 25 场，也是每战都胜。从五月十一打到六月初四，24 天之中，无日不战，战况的激烈不下于当年宁远大战。六月初四那天，皇太极增兵猛攻。锦州城中放西洋大炮，又放火炮、火弹和矢石，后金受创极重。攻到天明时，皇太极见支持不住了，只得退兵，退到小凌河扎营，等候各路兵马集中整编。

赵率教转怯为勇，自见敌潜逃到拼死守城，自畏缩不前到激战 24 日，到后来在保卫北京之役中血战阵亡，终于在历史上与满桂齐名，成为当时的两大良将。他这个重大转变，非常突出地证明了袁崇焕的领导才能。

从宁远大捷到宁锦大捷，一共只用了 16 个月的时间，在这短短的 16 个月中，袁崇焕抢修关宁锦防线，以议和之名与皇太极周旋，争取时日备战，并最终以正面出击的形式大胜后金军队，取得又一次的胜利，大大挫败了后金的士气，同时又提升了明朝军队的信心。在明金交锋史上，这样的胜利实在是少见，可见袁崇焕实在是明末难得的军事奇才，功不可没。

第六章

衣锦还乡——归隐山林放异彩

袁崇焕在立了大功之后，本以为能得到赏赐，没想到却只涨了一级的俸禄。更让他没有想到的是魏忠贤还派人弹劾他，这论谁也不能接受。袁崇焕在这样的情况下，感到从未有过的悲凉。于是他称养病，辞职回家了。

解甲归田

　　袁崇焕在政治上与魏忠贤的关系是对立的。他中进士时候的主考官韩爌和保荐他的御史侯恂等都是东林党的巨头。袁崇焕当然不肯克扣军饷去孝敬魏忠贤。但为了自己的大目标——守御锦州、宁远，他还是委曲求全，做出了牺牲。各省督抚都为魏忠贤建生祠，袁崇焕如果不附和，立刻就会罢官，守御国土的大志无法得伸，因此当时也只得在蓟辽为魏忠贤建生祠。

　　但魏忠贤仍然不满意。宁锦保卫战胜利后，明朝廷高官弹冠相庆，皇帝更是滥加赏赐。在兵部拟出的 100 多名封赏升荫人员名单当中，不少人与此战其实一点关系都没有，如魏忠贤年仅 4 岁的侄孙魏鹏翼此次被封为伯爵，荒唐至极。作为这次战役的前线总指挥，袁崇焕只涨了一级薪俸。当时的兵部尚书、魏忠贤的外甥女婿霍华维也觉得魏忠贤太过分，于是，提出把自己的封赏让给袁崇焕。

　　魏忠贤这时还叫一名言官弹劾袁崇焕，说他没有去救锦州为"暮气"。袁崇焕在这样的压力之下，只得自称有病，请求辞职。魏忠贤立刻批准，派兵部尚书王之臣去接替。

皇太极听到这个消息，当然是大喜若狂，但在听到加给袁崇焕的罪名与评语竟是"暮气"两字，恐怕大喜之余，也不免愕然良久吧！袁崇焕这样的人竟算"暮气沉沉"，却不知谁才是"朝气蓬勃"？

袁崇焕离开宁远时，心中的感慨，可想而知。那时他还只 40 岁左右，方当壮盛的英年，正是要大展抱负的时候。

立了大功反而被迫退休，他的部属将士既感诧异，更是愤愤不平。他写了一首诗给一个部将，大意是：我们慷慨同仇，边关百战，功劳不小，皇上的恩遇也重。但我的苦心，却只有后人知道了。建功立业固然很好，回家休养也不错。对于我的去留，大家不必感到不平。这首诗显得很有气度。不过他对于天启皇帝，还是十分感激的。他本来是一个七品知县，自天启二年到七年夏天，短短的五年半之间，几乎年年升官，中间还跳级，直升到"巡抚辽东、兵部右侍郎、兼都察院右佥都御史"，实在算是飞黄腾达。他自觉升官太快，曾上疏辞谢。他说在诸同年中，官职最高之人和他也差着好几级，为了要做部属武将的榜样，请皇帝收回升赏的成命。皇帝批复说：你接连三次谦辞，品德很好，但你功劳大，升官是应该的。

他在回广东故乡途中，经过大庾岭时写了一首诗，感谢天启对他的知遇之恩。他心中明白，天启是个昏君，可是对待自己的确很好。

他到了广州，去光孝寺游览，踏足佛地，不禁想到生平杀人甚多，和环境大不调和，然而那也只是感到不调和而已。

宁锦大战后，袁崇焕本来想乘胜巩固辽东前线，扩大与后金战略对峙的局面。可万万没想到的是，魏忠贤唆使党羽大肆攻击袁崇焕擅自与后金议和，导致朝鲜被征服、锦州遭围攻；在锦州被围攻时，没

忠 贞 不 渝

袁 崇 焕

有出动主力救援，"暮气难鼓"（懦弱保守的将帅难有作为）。以此为由弹劾袁崇焕。此时，明熹宗已病入膏肓，魏忠贤更加肆无忌惮。见此情形，袁崇焕觉得自己待下去也没用，于是提出辞职。天启七年（1627 年）七月，在魏忠贤的操纵下，朝廷竟然爽快地批准了袁崇焕的辞职请求，由前任辽东经略王之臣一身兼任辽东经略、巡抚，接管关内外军务。在做了一年多的辽东巡抚，取得宁远和锦宁两大战役胜利，扭转了明军在辽东的颓势后，袁崇焕这位功臣竟然解甲归田了。这是袁崇焕个人的无奈，更是明王朝的悲哀！

"穷则独善其身，达则兼济天下。"这是千百年来中国知识分子所崇尚的气节。进士起家、行伍成名的袁崇焕，既有武将的豪情壮志，也有文人的傲骨超脱。当年七月，不顾暑气逼人，袁崇焕与家人一路风尘仆仆，翻越大庾岭，回到了离别近十载的岭南故土。沿途，他想起了十年前经大庾岭北上应试考取进士的往事，感慨万千。他也想起了曲江先贤唐代名相张九龄，对张九龄晚年被流放的际遇感同身受。他还造访了岭南名刹南华禅寺，在六祖惠能真身前添香。

回到东莞老家，与早一步到家的母亲及家人团聚，物是人非的情景，再次触动了袁崇焕的伤痛。陪着自己经历了宁远大战生死之劫的老母亲如今已白发苍苍。父亲过世三年多了，墓地早已掩在荒草之中。

接下来的日子，就是赋闲在家。袁崇焕一边读书，一边寄情山水。他在"罗浮山"上搭起了茅棚，与冲虚古观的道长们谈仙论道，为修建山中的名胜撰疏募资。与昔日的学友把杯叙旧，为人生的无常感叹赋诗。虽然对国事满怀忧愤，但远离了官场的倾轧，省却了许多烦恼，平添了几分悠然。日子就这样在平淡中流逝。

罗浮山寺观的活动是由当时的广东博罗人、南京礼部尚书韩日缵发起的。主持者之一是袁崇焕的姻亲李烟客，参与者还有中山人何吾驺、博罗名儒张萱、南海名士陈子壮，以及尹守衡、崔奇观、李孙宸等人，他们都是粤中名士，明代官场、文化界的知名人士。

何吾驺，字龙友，号象冈，广东香山人，万历四十七年中进士，授官庶吉士，天启年间，多结交东林党正直人士。

陈子壮，字集生，号秋涛，广东南海人，万历四十七年己未科一甲第三名，即探花，与袁崇焕同一年进士及第，帮称"同年"，初授翰林院编修，后任礼部尚书。

尹守衡，字用平，号冲玄，晚年又号懒翁，广东东莞人，万历十年中举人，任官浙江新昌知县。

崔奇观，字岷澜，广东番禺人，万历三十四年中举人，万历四十一年中进士，授官山阴知县，未赴任即奔亲丧，后补授金溪县令。

李孙宸，字伯襄，广东香山人，万历四十一年癸丑科中进士，改庶吉士，授官翰林院编修，后官至礼部尚书。

这些当时广东的社会名流，明朝廷的官员，汇聚一堂，积极筹备重建罗浮山寺观。当他们听闻守边将军袁崇焕回乡之后，就积极邀请他为募修工作撰写疏文。起先，袁崇焕以过于忙碌、频于待客为由拒绝写作，他的拒绝主要是由于心中的儒道之争。但最后袁崇焕还是与这帮儒家名士一起，为罗浮山的寺观重修撰写了疏文，在袁崇焕撰写的《募修罗浮诸名胜疏》一文中，他努力将罗浮山纳入儒家的正统体系内。他强调："医巫闾之未始非罗浮也，则用心于医巫闾，与用心于罗浮无二也。"医巫闾即医巫闾山，闾山地势险要，战略地位极为重要，历代封建帝王都特别重视，甚至封王谥号，视若神明。唐代就封闾山为广宁公，金代封广宁王，明代封闾山神，清代仍沿用此神号。

元、明、清皇帝登基之时，都会遥祭这座山，故此山有不可言喻的正统性。袁崇焕将"用心医巫间"和"用心罗浮"同称，巧妙地融合了皇权正统与道家的关系，从而坚持了自己儒家正统本位的思想，也使得自己为道家圣地撰文的行为合理化了。

其他的名士其实也遇到过相同的问题，他们也都是科举出身，从学儒家的。因而他们也各有各的理由。张萱将罗浮山与当时的明代广东著名学者黄佐、心学大师湛若水、广东著名大儒陈琏联系起来，称他们也表彰罗浮山的灵秘，自己身为罗浮之人，难辞其责。陈子壮则把罗浮"儒仙一致"。他们从不同角度坚持了自己的儒家正统追求。可见，当时的广东士人已经完全融进了中原正统文化体系之中。

袁崇焕答应撰写这篇《募修罗浮诸名胜疏》，一方面是基于他的幕客兼姻亲李炳客致力于重修工作，一方面也是由于他与这群粤中名人有着很大的共同点，他们与东林党都有密切关系，也都是儒家十大夫，都与阉党魏忠贤有冲突，因而走到了一个阵营。此时的他们，跟袁崇焕的遭遇大同小异，都是不屈服于魏忠贤阉党的淫威，坚守自己正直的政治取向，故而或遭谗或被撤，正处于郁郁不得志之时。袁崇焕是否是东林党成员尚未有定论，但他与东林党关系密切却是肯定的。他考科举那年的主考官就是东林党领袖韩炉，按照科考的习俗，袁崇焕就是韩炉的学生，韩炉为老师，亦称"座主"。在党争严重的明末，这层关系是建立社会网络的重要因素。况且，袁崇焕杀毛文龙时跟东林党重要成员钱龙锡商议过，当初建议破格提拔他的御史侯恂也是东林党重要角色。可见，袁崇焕与东林党的关系还是比较密切的。一群志趣相投的文人雅士，有着共同的背景和相似的遭遇，大家汇聚一堂，为广东罗浮山的寺观重修募捐事业尽力，亦可谓明末广东一大文化盛典。

　　逗留在家乡广东期间，除了为罗浮山重修寺观纂修疏文外，袁崇焕还为自己家乡的三界神庙撰写了重修疏文，其行文同样清楚地显示了他心中儒家正统不可撼摇的地位。文中说到这个三界庙神来自粤西，但是却已无从考证，他认为"有无姑勿论，盖人之精灵为神"，他坚持人本思想，认为神其实就在人的精神深处。"三界者何？盖天、地、人为三界，人情顾目前不顾身后，见人而不见天，严于人所见而不严于人所不见者"，虽然三界神被认为包括天、地、人，但是在袁崇焕看来，人是根本，首先为人，其次要以人所能见到的为依据，而不受不能见到的所限制。这是儒家不言怪力神乱的根本体现，他虽"敬神"但更重"人"。事三界庙"不啻子孙之于祖父"，把三界神看作自己的祖先与亲人。在家乡亲友的请求下，他不仅无法拒绝帮忙写作这样一则祭祀神灵的疏文，也无法不捐出 300 两白银作为建庙之资，但他却能在字里行间清晰表明他对儒家本位的坚守。

　　"本来无祸，何必免祸？福且无用，何必枉求？"他不相信任何求佑祈福的祭神行为，他信任的是自己的努力，是自己的精神信守。相信辽东的接连胜利和这种信仰取向也有一定关系，当初的后金军攻击明朝，如入无人之境，被称为"无敌雄狮"，但袁崇焕就是不相信后金不败的神话，相信自己的能力，最终使得努尔哈赤 25 年来第一次吃败仗。其实这种本我思想在《募修罗浮山诸名胜疏》中也有体现，尽管他写道，"惟山终古以长存，则人灵不如山灵"，但是话锋一转，重点则在于"然山常艮，艮常止，止得其为山。人旅生旅死，不失其为人。余又以山灵之不若人灵也"。始终，他还是觉得山灵不如人灵，人有生有死，但是轰轰烈烈的人生远比亘古不变的山显得有灵气，显得有活

忠 贞 不 渝

袁 崇 焕

力。在这一系列的文字里，我们可以清晰地看到，他信神，不过神却如父母，他信仙，仙却似家人，神仙在他的重修三界庙碑文中，就是这样亲切的形象，而不是高高在上、遥不可及、人间生死命运的主宰者。可见，在他的性格里有积极入世的追求，有勇往直前的对人生价值的寻求，而没有对归隐山林闲逸的推崇。休憩在粤的几个月里，只是他入世追求中的一种缓冲。

崇祯接位

天启皇帝熹宗捉了几年迷藏（他初做皇帝时，爱和小太监捉迷藏），做了几年木工，天启七年八月，在23岁时死了。

天启的儿子都已夭折，有些后妃怀了孕，也都被客氏和魏忠贤设法弄得流产，所以没有儿子。由他亲弟弟信王朱由检接位，年号崇祯。

朱由检当时虚岁是18岁。他生于万历三十八年十二月，其实只有16岁零8个月。这个17岁的少年皇帝不动声色地对付魏忠贤，先将他的党羽慢慢收拾，然后逼得他自杀。将这场权力斗争处理得十分精彩。

魏忠贤死后，附和他的无耻大臣被称为"逆党"，或杀头，或充军，或免职，人心大快，在"宁锦大捷"中冒功的人也都被铲除了。

崇祯想到了辽东残局。辽东经略、巡抚王之臣，蓟辽总督阎鸣泰都是阉党分子，自然在铲除之列。由谁来掌管辽东军务呢？这时，被魏忠贤逆党排挤罢官的大臣又再起用，他们都主张召回袁崇焕。天启七年十一月，升袁崇焕为右都御史、视兵部添注左侍郎事。崇祯元年四月，再升他为兵部尚书，兼右副都御史、督师蓟辽、兼督登莱天津军务。兵部尚书是正二品的大官，所辖的地域，名义上也扩大到北直隶（河北）北部和山东北部沿海。不过蓟州、天津、登莱各地另有巡抚专责，所以袁崇焕所管的实际还是山海关及关外锦宁的防务。

明末军制，在外带兵的文臣，头衔最高的是督师，通常以大学士兼任，宰相出外带兵，才称督师；其次是总督或经略，由兵部尚书或侍郎兼任；再次是巡抚；巡抚之下才是武将中最高的总兵官。袁崇焕不是大学士，却有了大学士方能得到的军事最高官衔。以前辽东历任军事长官都只是经略或巡抚。那时距他做知县之时还只6年。

袁崇焕在广东休养这几个月中，与文人们诗酒唱和，其中最著名的朋友是陈子壮。

陈子壮是广东南海人，和袁同科中进士，陈是探花。他在做浙江主考官时出题目讽刺魏忠贤，因而被罢官。袁陈两人同乡同年，又志同道合，交情自然非同寻常。陈子壮在崇祯时起复，做到礼部侍郎，后来在广东九江起兵抗清，战败被俘，不降而死，也是广东著名的民族英雄。当时与袁时常在一起聚会的，还有几个会作诗的和尚。

袁崇焕应崇祯的征召上北京时，他在广东的朋友们替他饯行。画家赵焞夫画了一幅画，图中一帆远行，岸上有妇女三人、小孩一人相送。陈子壮在图上题了四个大字："肤公雅奏"，"肤公"即"肤功"，祝贺他"克奏肤功"的意思。于是就有了《东莞袁崇焕督辽饯别图诗》这一历史文化古卷的产生。图后有许多人的题诗，第一个题的就是陈子壮。这幅画本来有上款，后来袁崇焕被处死，上款给收藏者挖去了，多次易手流转，到光绪年间才由王鹏运考明真相。

赵焞夫，明末广东著名的书画家，被清初的屈大均称赞为画家中的高手。他不仅作画，也攻诗词，是明末广东南园诗社十二子之一，著有《草亭集》。清朝建立全国统治政权后，他以明遗民自居，拒绝承认清王朝。

"肤公雅奏图"上的题诗，大都是称誉袁崇焕的抗清功绩，预料此去定可扫平胡尘、燕然勒石，麟阁题名等。好几人诗句中都提到袁崇焕的"谈锋""高谈""笑谈"。喜与朋友们高谈阔论，一定是他个性中很显著的特点。

在这幅画上题诗的共有 19 人，其中有高僧 3 人，有几个是袁的幕僚。值得注意的是，有 8 个人在 10 处地方提到了黄石公、赤松子、圯上、素书的典故，这绝不会是偶然现象。这典故是说张良立了大功之后，随即退隐，才避免给猜忌残忍的刘邦所杀。在这次饯别宴中，袁崇焕的朋友们一定强调必须"功成身退"，大家对于皇帝的狠毒手段都深具戒心，所以在诗中一再警戒。

在《东莞袁崇焕督辽饯别图诗》中，位列第一的饯别诗作者是陈子壮，他是明代广东诗社运动的活跃分子，重建了广东明朝初年所建立的南园诗社。后来官至礼部尚书，天启年间曾弹劾势力极盛的魏忠贤，导致与其父一起被削官回家。他是明清之交广东历史上一位杰出的思想家、能干、政治家和诗人。

赋诗的这些人中，绝大多数人都是当时诗坛的佼佼者。这些名人分别是：陈子壮、赵焞夫、梁国栋、黎密、黎遂球、屈大均、欧必元、区怀年、邝瑞露、傅于亮、陶标、吴邦佐、韩暖、戴柱、吕非熊、邓桢、梁稷等人，还有三位高僧释通岸、释超逸、释通炯。

临别时，袁崇焕也写了一首《到家未百日即为崇祯元年诏督师蓟辽拜命入都》的诗。

耳边金鼓梦犹惊，又荷丹书圣主情。草野喜逢新雨露，河山重忆旧功名。

痛心老母牵衣泣，挥手全家忍泪行。只有君恩辞不得，未曾百日事躬耕。

这首诗充满着袁崇焕被重新起用的欣喜和忠君爱国和孝亲恋家之情，正是带着这种欣喜与爱国之情，袁崇焕再次投身于抗金的前线。

而这位立志中兴的新皇帝崇祯接下的是一个烂摊子，朝廷内外都被阉宦魏忠贤及其党羽所控制。崇祯不露声色，即位未久便粉碎了阉党，臣民赞颂不已，誉为"神明自运，宗社再安"。既而又下诏，撤罢各镇内臣，以杜绝宦官乱政之门。在位 17 年，他一直勤政理事，节俭自律，不近女色，史志称其"鸡鸣而起，夜分不寐，往往积劳成疾，宫中从无宴乐之事"。讲励精图治，崇祯是朱元璋以后明代 16 位君主中最突出、最言行一致的一个。崇祯即位没多久，17 岁的时候，能够以相当的老练和果断铲除魏忠贤及其党羽，十分不容易，丝毫不比康熙铲除鳌拜逊色。崇祯的勤勉是中国几千年皇帝史上罕见的。虽然皇帝不是只靠勤勉就能当好的。他面对局势严重时，一而再再而三的向

袁 崇 焕

天下发"罪己诏"，反省错误招纳贤才，哀叹"朕非亡国之君，臣皆亡国之臣"。自杀殉国的遗书写道："朕自登基十七年，逆贼直逼京师。虽朕薄德貌躬，上干天咎，然皆诸臣误朕也。朕死，无面目见祖宗与地下，去朕冠冕，以发覆面，任贼分裂朕尸，勿伤百姓一人。"这样一个皇帝是怎样失败的呢？他对面临的问题开展怎样的战略呢？

其时崇祯面对三大难题。

1. 内忧

李自成、张献忠屡败屡战，总是无法剿灭。而且贼是愈剿愈多。要剿灭这些贼就要用兵，要用兵就要用钱，可是钱又从哪里来呢？而皇帝的办法就是加税。其实，当时的赋税已经很重了，加上连年的天灾人祸，老百姓的负担很重，再加税就是逼老百姓没活路了。万历末年已加重了对民间的搜刮，天启时再加，到崇祯手里更是大加特加，到末年时，加派辽饷900万两，练饷730余万两，一年之中单是军费就达到2000万两 (万历初年全国岁出不过400万两左右)，国家财政和全国经济在这压力下都已濒于崩溃。那个时候的税重到了什么程度呢？据顾炎武在《天下郡国利病书·福建三》中记载："民田一亩值银七八两者，纳饷至十两。"当时福建的粮食亩产最多三石 (不到300公斤)，正常年景不过卖1两银子。就算福建粮价疯涨，三石大米也不过卖6两银子。为什么会这样呢？因为私派比正赋多，暗的比明的多。据钱泳《履园丛话》记载，崇祯末年，盗贼四起，年谷屡荒，人们都以无田为幸运。明朝就出现了流民遍天下的现象。流民也要吃饭，也要活下来。

而这个时候剿贼的官兵是怎么做的呢？

明朝的郧阳巡按高斗枢在《守郧纪略》中记载了明末的情景和官

军的表现。他说，崇祯十四年 (1641 年) 六月，他奉命驻守郧阳。七月初，他从长沙动身，水路到达荆州，路经襄阳，八月初六进入郧阳。一路数百里的农田里都长满了蓬蒿，村落破败，没有人烟。唯有靠近城市的一些田地，还有城里人耕种糊口。他说，在他抵达郧阳前的十几天，左良玉率领的官军路过此地，两三万官兵一涌入城，城中没有一家没有兵的，"淫污之状不可言"。住了几天大军开拔，又将城里所有人家清洗一空，十多天后他到了，竟然找不到米和菜。士绅和百姓见到他，无不痛哭流涕，无不恨贼而恨兵。李清在《三垣笔记·下·弘光》中说：左良玉的兵一半要算群盗，甚是淫污狠毒。每入百姓家勒索，用木板将人夹住，再用火将人烧死，胖人有的能流一地油。他们抢掠来妇女，公然在大街上奸污。将她们拉到船上抢走时，有人望着岸上的父亲或丈夫哭泣，立刻被这些兵砍下脑袋来。

与官军的表现相反，李自成的军纪越来越好。高斗枢在《守郧纪略》中说：早先，张献忠和李自成每攻陷一城，就要大肆抢掠一场。到壬午 (1642 年) 夏秋，李自成和罗汝才每得一城，则改为派"贼"防守，并且严禁抢掠，以笼络民心。到这个时候，这个战自然是打不下去了。

2. 外患

后金日益强大起来。

自萨尔浒之战到努尔哈赤死，明、后金间又发生过好几次战役，后金先后攻取沈阳、辽阳、广宁等重要据点，从辽河以东扩张到辽河以西地区，明军节节败退。后金继续向明进攻，在皇太极时期，后金曾四次入关攻明。

所谓入关攻明，是指后金不由山海关，而由间道越过长城，深入

袁 崇 焕

明之内地，大肆抢掠骚扰，削弱和消耗明朝的实力。不久，后金又取得松山之战的胜利，击溃明军10余万。

明崇祯帝即位以后，起用名将袁崇焕。皇太极见辽西方面袁崇焕坚城难攻，于是计划绕道进袭北京。崇祯二年 (1629年)，皇太极亲自率军出动，以蒙古军为向导，从龙井关、大安口入塞，攻破遵化，包围北京。袁崇焕闻讯，急率锦州总兵祖大寿等自山海关疾驰入援。不久，崇祯帝杀袁崇焕。这次皇太极统兵入塞，先后攻克遵化、永平、滦州、迁安四城，于次年自率大牟退还沈阳，留阿敏等驻守关内四城。不久，关内四城被明军收复，阿敏率残兵败将逃归。

崇祯六、七年间 (1633年—1634年)，孔有德、耿仲明、尚可喜等先后航海投降为后金带来许多兵马和船只，并且带来西洋葡萄牙大炮。此炮是当时明朝最新式武器，后金军有了这种大炮以后，其攻坚和野战的能力大为提高了。崇祯九年 (1636年)，皇太极又命阿济格等入长城，破昌平，焚天寿山德陵 (明熹宗陵)，然后绕过北京，直插保定以南，凡克城12座，俘获人口牲畜18万。明朝督师张凤翼等皆按兵不敢战，听任清兵从容退去。崇祯十一年 (1638年)，皇太极又命多尔衮、岳讬等越过长城，大举深入。明朝以卢象昇为督师，宦官高起潜为监军，负责督军迎敌。而高起潜与兵部尚书杨嗣昌皆不欲战，结果卢象昇孤军奋斗，在矩鹿贾庄血战而死。这年冬，清兵大蹂畿辅，连下43城。次年，清兵南下入山东，攻破济南，俘明德王朱由枢。然后清兵由山东回师出塞，明军皆尾随不敢击，这次出塞，清兵俘汉人46万余，获白金百余万，满载而归。几年后，明清之间又发生规模巨大的松山之战。先是崇祯十四年 (1641年)，皇太极发大兵围攻锦州，势在必克。清兵逼城列营围困，明锦州守将祖大寿告急。明朝即遣蓟辽总

衣锦还乡——归隐山林放异彩

督洪承畴率吴三桂等八总兵，领兵 13 万来援，集结宁远。洪承畴主张徐徐逼近锦州，步步立营，且战且守。但是兵部尚书陈新甲一再促战，同时又有密敕刻期进兵。洪承畴迫不得已，即进师松山。皇太极闻知，亲率大军赴援，陈师于松山、杏山之间，切断明军粮道。洪承畴抵松山后，因军中乏粮，诸将各怀去志，不待军令，争相率军逃奔，返口宁远就食。清军趁势掩杀，前堵后追。明兵十数万土崩瓦解，先后被斩杀者 5 万多人，自相践踏死者及赴海死者无计其数。最后，总督洪承畴等被围于松山，士卒不过万余，饷援皆绝。崇祯十五年 (1642 年)，松山城破，洪承畴被俘解送沈阳，投降清朝。不久，锦州粮尽援绝，祖大寿也率众出降。塔山、杏山也相继落入清军之手。松山失陷对明朝影响极大，从此明朝在关外已不能再战，完全无力应付辽东局面。崇祯十五年十月，皇太极又命阿巴泰等最后一次入关攻明，兵分两路入长城，共会于蓟州，直抵山东兖州而还，攻破三府十八州六十七县，杀明宗室鲁王，俘获人民 36 万余口、牲畜 50 万头。次年 (1643 年) 四月，阿巴泰等始率军经通州徐徐凯旋。清兵南北往返，明朝诸军皆尾随其后，始终未敢一战。这年八月，皇太极死，庙号太宗，葬昭陵，其子福临继位，由多尔衮辅政。这时关外锦州、松山、杏山、塔山均为清朝所有，唯宁远等四城未克。

3. 无贤良之臣可御敌

崇祯在位 17 年，换了 50 个大学士，14 个兵部尚书 (那是指正式的兵部尚书，像袁崇焕这样加兵部尚书衔的不算)。他杀死或逼得自杀的督师或总督，除袁崇焕外还有 10 人，杀死巡抚 11 人、逼死 1 人。他责备"臣皆亡国之臣"，难道真的是手下没有忠君爱国的人才吗？

事实上我们知道的明朝可用之才还是有很多的。军事才能极高的有袁崇焕、孙承宗、洪承畴，这些都是难得的将才，如果能够给他们必要的信任和权力，足以抵挡住后金（清朝）的进攻。政治上更不用说，大批的明朝降臣为后金（清朝）效力时，能够提出正确的国策。尤其是洪承畴，他的政治才能很高，后金（清朝）的进驻中原，稳定江山和他的战略有很大的关系。只不过是崇祯缺乏用人的才能而已。

衣锦还乡——归隐山林放异彩

第七章

督师蓟辽——重整军队塑精兵

在多人的建议下，崇祯终于决定再次起用袁崇焕。袁崇焕为了实现自己的志向，他便离别好友，进京朝觐皇上。袁崇焕刚一复出就给了崇祯一个惊喜，他说五年之内便可以复辽。五年时间还没到，他就先后错杀了良将，遭到了皇太极的反间计，落得了悲惨的结局。

再次复出

天启七年十一月，崇祯皇帝加封袁崇焕荫锦衣卫指挥金事（子辈世袭职位），接着又任命袁崇焕为都察院右都御史（正二品），实职兵部左侍郎。接到圣旨后，广州知府马上到东莞袁家去宣旨，但此时袁崇焕正在罗浮山寻仙访道。

对于复出，袁崇焕心里充满了矛盾，一时难下决心。原因很多，犹豫来自三个方面：第一，皇帝即位不久，朝政何去何从，他心里一点底也没有；第二，朝廷不少人反对他复出。反对他的人强调，辞职前他有与后金议和、在辽东建立魏忠贤生祠两大政治"污点"；第三，忌讳阉党残余势力。魏忠贤虽然死了，但四处星散的阉党余孽还是盘根错节。他担心，万一阉党残余重新得势，自己到了辽东也做不成事。虽然远在岭南乡间，但是通过与京中、辽东知心至交书信往来，袁崇焕对朝政还是略有所闻。况且几个月来参禅问道，他已淡泊功名。审时度势之后，袁崇焕奏请辞去封荫和任命。

当时，推荐袁崇焕并为他辩解的声音还是占了上风。兵部左侍郎吕纯如上书崇祯皇帝说，袁崇焕确实有出议和下策、立生祠"讨好"阉党两大过失，但都是形势所迫，不是他的本意。重新起用袁崇焕，无论是皇上还是大臣，出发点都是为了早日解除辽东边防大患。为了实现这个共同目标，袁崇焕是最合适人选。袁崇焕廉洁、勇敢、有实战经验，这些优点是其他人所没有的。重新起用袁崇焕，就是在不避讳其缺点的同时，看主流本质，用其所长。吕纯如的上书，对袁崇焕的功过得失做了实事求是的分析与评价，既坚定了崇祯皇帝起用袁崇焕的决心，也打消了袁崇焕的顾虑，最终促成了袁崇焕的复出。

崇祯元年（1628年）四月，崇祯皇帝重新任命袁崇焕为兵部尚书（正二品）加右副都御史衔，督师蓟、辽，兼督山东登州、莱州以及天津的军务。把恢复辽东疆土、彻底解除后金威胁的全部希望押到了袁崇焕身上。新皇帝的重用，再一次激发了袁崇焕的报国热情。当月，袁崇焕动身赴任，七月初就到达了京城。

七月，袁崇焕到达北京，崇祯召见于平台。

崇祯见到袁崇焕后，先大加慰劳，然后说道："建部跳梁，已有十年了，国土沦陷，辽民涂炭。卿万里赴召，忠勇可嘉，所有平辽方略，可据实奏来！"

袁崇焕奏道："所有方略，都已写在奏章里。臣今受皇上特达之知，请给我放手去干的权力，预计五年而建部可平，全辽可以恢复。"

崇祯道："五年复辽，便是方略，朕不吝封侯之赏。卿其努力以解天下倒悬之苦！卿子孙亦受其福。"袁崇焕谢恩归班。

给事许誉卿就去问袁崇焕，用什么方略可以在五年之内平辽。袁崇焕道："我这样说，只是想要宽慰皇上。"许誉卿已服侍崇祯将近一年，明白皇帝的个性，袁崇焕却是第一次见到皇帝。许誉卿于是提醒他："皇上是英明得很的，岂可随便奏对？到五年期满，那时你还没有平辽，那怎么得了？"袁崇焕一听之下，知道刚才的话说得有些夸张了。他答应崇祯5年之内可以平定后金、恢复全辽，实在是一时冲动的口不择言，事实上那是根本不可能的。袁崇焕和崇祯第一次见面，就犯了一个大错误。大概他见这位17岁的少年

崇祯皇帝画像

皇帝很着急，就随口安慰了一番。

皇帝再次召见他时，袁崇焕赶紧上前奏道："建州已处心积虑地准备了40年，这局面原是很不易处理的。但皇上注意边疆事务，日夜忧心，臣又怎么敢说难呢？这5年之中，必须事事应手，首先是钱粮。"崇祯立即谕知代理户部尚书的右侍郎王家桢，必须着力措办，不可令得关辽军中钱粮不足。袁崇焕又请器械，说："建州准备充分，器械犀利，马匹壮健，久经训练。今后解到边疆去的弓甲等项，也须精利。"崇祯即谕代理工部尚书的左侍郎张维枢："今后解去关辽的器械，必须铸明监造司官和工匠的姓名，如有脆薄不堪使用的，就可追究查办。"

袁崇焕又奏："5年之内，变化很大。必须让吏部和兵部与臣充分合作。当选的人员便即刻任命，不应当任用的，不可随便派下来。"崇祯即召吏部尚书王永光、兵部尚书王在晋，将袁崇焕的要求谕知。袁崇焕又奏："以臣的力量，制全辽是有余的，但要平息众人的纷纷议论，那就不足了。臣一出京城，与皇上就隔得很远，嫉功妒能的人一定会有的。这些人即使敬惧皇上的法度，不敢乱用权力来捣乱臣的事务，但不免会大发议论，扰乱臣的方略。"崇祯站起身来，倾听他的说话，听了很久，说道："你提出的方略井井有条，不必谦逊，朕自有主持。"大学士刘鸿训等都奏，请给袁崇焕大权，赐给他尚方宝剑，至于王之臣与满桂的尚方剑则应撤回，以统一事权。崇祯认为对极，应予照办。谈完大事后，赐袁崇焕酒馔。

后人追寻袁崇焕死因的时候，大多数人认为是"五年平辽"种下了祸根。此话并非毫无道理。实事求是地讲，明朝廷如果确实能遏制政治腐败，用上十年八年的时间，用心经营，逐步削弱后金，最后恢复辽东疆域还是可能的。但"五年平辽"未免过于乐观。只要细心分析一下当时明朝的国情，就能够清楚地看到提出"五年平辽"是不现实的。

第一，辽东地区敌强我弱的形势短期内无法逆转。自从1619年萨尔浒一战以来，明军节节败退，阵亡大小将领400多人，几乎出现有兵无将统领的局面。后金实行寓兵于农的八旗制度，军事上迅速壮大，正处于上升势头，战斗力大大超过明军。虽然经过宁远、宁锦保卫战后，后金与明军进入了战略相持阶段，但也只是意味着后金在短期内难以速胜，无法彻底摧垮明军、占领山海关乃至攻进北京而已；而绝对不能说，明军战斗力在短期内可以扭转守势，乘胜打败后金。明军当时依靠的是火器，火器只在守城时才能够发挥作用，而不适用于野战在城外和野外，明军绝对不是八旗铁骑的对手。

第二，明朝宿敌蒙古未灭，无法全力以赴对付后金。元朝灭亡之后，蒙古各部落一直在长城一线给明朝制造麻烦。到后金在辽东挑起反明战争时，来自蒙古的军事威胁也没解除。在对后金作战时，蒙古人多次乘机骚扰，造成明军腹背受敌，这也是明军败退的原因之一。当时，明王朝沿长城设置的九个军事重镇，除了辽东镇，其余都是对付蒙古部落的，由此可见蒙古部落对明军的威胁程度。宁远大战期间，赵率教就是因为打败了蒙古部落的乘机进攻而立下战功的。后来，后金收服蒙古各部，北方两个强敌联手，加速了明朝的灭亡。

第三，明朝政治腐败与国力衰弱的颓势无法扭转。明神宗万历十年以来，皇帝昏庸，官僚腐败，加上魏忠贤阉党乱政的直接影响，崇祯皇帝接手的明王朝，其实是一副烂摊子，国家财政年年入不敷出。在贪官肆意搜刮、土地高度集中的情况下，老百姓处在水深火热之中，社会矛盾空前激化。在应付后金、蒙古外患的同时，内乱频仍，明朝对外、对内都处在崩溃的边缘。

第四，党争激烈，内耗加深，短期内无法根除。朝廷官僚结党营私，争权夺利，从根本上动摇了明朝的政权根基。这种积弊也是导致辽东节节败退的根源之一。熊廷弼的失败与惨死，孙承宗和袁崇焕的无奈辞职，袁应泰、高第、王在晋、王之臣等庸才对辽东战局的破坏与危害，都深深地打上党争的烙印。袁崇焕深受其害，也看到了党争对辽东军务的危害，但对其顽固性缺乏认识。他天真地认为，崇祯皇帝清除了阉党骨干，就能够革除党争积弊；只要皇上充分相信自己，任何诬陷谗言就无法兴风作浪了。

袁崇焕辞出之后，上了一道奏章，提出了关辽军务基本战略的三个原则。

"以辽人守辽土，以辽土养辽人。"明代的兵制，一方有事，从各方调兵前往救援。因此守辽的部队来自四面八方，有四川的、湖广的、浙江的。这些士卒首先对守御关辽不大关心，战斗力不强又怕冷，在关外驻守一段短时期，便遣回家乡，另调新兵前来。袁崇焕认为必须用辽兵，他们肯定会为了保护家乡，勇敢抗敌，再说他们又习惯了寒冷的气候。训练一支精兵，必须兵将相习，非长期熏陶不为功，不能今天调来，明天又另调一批新兵来替换。他主张在关外筑城屯田，逐步扩大防守地域，既省粮饷，又可不断地收复失地。

"守为正着，战为奇着，和为旁。"明兵打野战的战斗力比不上经常练习骑射的后金兵，这是先天的限制，短期内不可能扭转过来，但大炮的威力却非后金兵所及。所以要舍己之短，用己所长，守坚城而用大炮，这样才能立于不败之地。只有在需要奇兵突出、攻敌不意之时，才和后金兵打野战。为了争取时间来训练军队、加强城防，有时还须在适当时机中与敌方议和，这是辅助性的战略。

"法在渐不在骤，在实不在虚。"执行上述方策之时，不可求急功近利，必须稳扎稳打，脚踏实地，慢慢地推进。绝对不可冒险轻进，以致给敌人以可乘之机。

这三个基本战略，是他总结了明与后金之间数次大战役而得出来的结论。明军三次大败，都败于野战，以致全军覆没；宁远两次大战之所以胜利，都在于守坚城、用大炮。

如果这三个基本战略持久地推行下去，那么就会逐步扭转形势，转守为攻。但他担心的还有两件事。一是皇帝和朝中大臣对自己的不

袁

崇

焕

信任，二是敌人的挑拨离间，散布谣言。因此在上任之初，他对此进行了特别强调。他声明在先，军队中稀奇古怪的事情多得很，不可能事事都查究明白。他又自知有一股蛮劲，干事不依常规，要他一切都做得四平八稳、面面俱到，那可不行。总而言之："我不顾自己性命，给皇上办成大事就是了，小事情请皇上不必理会。"

崇祯接到这道奏章，再加奖勉，赐他蟒袍、玉带与银币。袁崇焕领了银币，但以未立功勋，不敢受蟒袍玉带之赐，上疏辞谢了。

崇祯这次召见袁崇焕，对他的话可以说是言听计从，信任之至，恩遇之隆，实属罕见。但不幸得很，袁崇焕这奏章中所说的话，一句句无不料中，终于被处极刑。崇祯对待袁崇焕，实在是令人难以琢磨。既然不相信他，当初为什么要倚之重任；既然相信，那后来为什么又将他杀死？这真是一个很矛盾的问题。

岳飞当时对自己后来的命运完全是没有预料的，而袁崇焕对自己的命运却早已料到。但他明知将来难免要受到皇帝猜疑，要中敌人的离间之计，却还是要去担任艰危，这番舍身赴难的心情，更令后人深深叹息。

袁崇焕还没有到任，宁远已发生了兵变。

兵变是在欠饷四个月之后才发生的，起事的主要是四川兵与湖南、湖北的湖广兵。兵卒把巡抚毕自肃、总兵官朱梅等缚在谯楼上。兵备副使把官衙库房中所有的银子都拿出来发饷，只有 2 万两，相差还是很多，于是又向宁远商民借了 5 万两，兵士这才不吵了。毕自肃自觉治军不严有罪，上吊自杀。兵士的粮饷本就很少，拖欠 4 个月，叫他们如何过日子？这根本是中央政府的事。连宁远这样的国防第一要地，欠饷都达 4 个月之久，可见当时政治的腐败。毕自肃在二次宁远大战时是兵备副使，守城有功，因兵变而自杀，实在是死得很冤枉的。

袁崇焕于八月初到达，惩罚了几名军官，其中之一是后来大大有名的左良玉，当时是都司；又杀了知道兵变预谋而不报的中军，将兵变平定了。

到当年九月，也就是袁崇焕上任不到 2 个月，户部共拖欠辽东军饷 78 万两银子，辽东军心再次出现不稳苗头，也就是袁崇焕所说的"鼓噪"。为防止几个月前的兵变骚动再次出现，袁崇焕无奈向朝廷专门奏请，要求早日解决所欠的军饷。

但京里的饷银仍是不发，锦州与蓟镇的兵士又开始哗变。如果这时后金来攻，宁远与锦州肯定守不住。局势实在是危险之至。袁崇焕也没有什么办法，只有不断地上奏章，向北京请饷。崇祯的性格之中，也有他祖父神宗的遗传。他一方面接受朝中大臣的提议，增加赋税，另一方面对伸手向自己要钱的人大大的不高兴。

袁崇焕屡次上疏请饷，崇祯对诸臣说："袁崇焕在朕前，以五年复辽、及清慎为己任，这缺饷事，须讲求长策。"又说："关兵动辄鼓噪，吝边效尤，如何得了？"

礼部右侍郎周延儒奏道："军士要挟，不单单是为了少饷，一定另有隐情。古人虽罗雀掘鼠，而军心不变。现在各处兵卒为什么动辄鼓噪，其中必有缘故。"崇祯道："正如此说。古人尚有罗雀掘鼠的，今虽缺饷，哪里又会到这地步呢？""罗雀掘鼠"这四字崇祯听得十分入耳。周延儒得益于这四个字，向着首辅的位子迈进了一步。周延儒是江苏宜兴人，相貌十分漂亮，20 岁连中会元状元，这个江南才子小白脸，真是小说与戏剧中的标准小生，可惜人品太差，在《明史》中被列入《奸臣传》。周延儒之奸，主要是崇祯性格的反映。但"逢主之

袁

崇

焕

恶"当然也就是奸。这个人和袁崇焕恰是两个极端。袁崇焕考进士考了许多次才成功，相貌相当不漂亮，性格则是十分的耿直刚强。"罗雀掘鼠"是唐代张巡的典故。张巡在睢阳被安禄山围困，苦守日久，军中无食，只得张网捉雀、掘穴捕鼠来充饥，但仍是死守不屈。罗雀掘鼠是不得已时的苦法子，受到敌人包围，只得苦挨，但怎能期望兵士在平时都有这种精神？

　　周延儒乘机中伤，崇祯在这时已开始对袁崇焕信心动摇。他提到袁崇焕以"清慎为己任"，似乎对他的"清"也有了怀疑。崇祯心中似乎这样想："他自称是清官，为什么却不断地向我要钱？"

周延儒草书七言诗

　　袁崇焕又到锦州去安抚兵变，连疏请饷。十月初二，崇祯在文华殿集群臣商议，说道："崇焕先前说道'安抚锦州，兵变可弥'，现在却说'军欲鼓噪，求发内帑'，为什么与前疏这样矛盾？卿等奏来。"

　　"内帑"是皇帝私家库房的钱。因为户部答复袁崇焕说，国库里实在没有钱，所以袁崇焕请皇帝掏私人腰包来发欠饷。再加上说兵士鼓噪而提出要求，似乎隐含威胁，看到袁崇焕的奏章，崇祯非常生气。

　　哪知百官众口一词，都请皇上发内帑。新任的户部尚书极言户部无钱，只有陆续筹措发给。崇祯说："将兵者果能待部属如家人父子，兵卒自不敢叛，不忍叛；不敢叛者畏其威，不忍叛者怀其德，如何有鼓噪之事？"

督师蓟辽——重整军队塑精兵

"罗雀掘鼠"和"家人父子"这两句话，充分表现了崇祯完全不顾旁人死活的自私性格。崇祯完全是既要马儿跑，又要马儿不吃草。兵士有四个月领不到粮饷，吵了起来。崇祯不怪自己不发饷，却怪带兵的将帅对待士兵的态度不如家人父子。他似乎认为，主帅若能待士兵如家人父子，没有粮饷，士兵饿死也是不会吵的。俗语都说："皇帝不差饿兵。"崇祯却认为饿兵可以自己捉老鼠吃。

周延儒准确地揣摩到了崇祯心意，又乘机中伤，说道："臣不敢阻止皇上发内帑。现在安危在呼吸之间，急则治标，只好发给他。然而绝非长策，还请皇上与廷臣定一经久的方策。"崇祯大为赞成："此说良是。若是动不动就来请发内帑，各处边防军都学样，这内帑岂有不干涸的？"崇祯越说越怒，于是忧形于色，所有大臣个个吓得战战兢兢，谁也不敢说话。袁崇焕请发内帑，其实正因为他不爱惜自己、不怕开罪皇帝，而待士兵如家人父子。本来，他只需申请发饷，至于钱从何处来，根本不是他的责任。国库无钱，自有别的大臣会提出请发内帑，崇祯憎恨的对象就会是那个请发内帑之人。以袁崇焕的才智，决不会不明白其中的关键，但他爱惜兵士，得罪皇帝也不管了。说不定朝中大臣人人不敢得罪皇帝，饷银就始终发不下来，那么就由我开口好了。

当袁崇焕罢官归家之时，皇太极见劲敌既去，立刻肆无忌惮，不再称汗而改称皇帝。

袁崇焕回任之后，宁远、锦州、蓟州都因皇上欠饷而发生了兵变，在这样的情况下，自然不能与清兵开仗，于是又开始与皇太极和谈，来拖延时间。皇太极对谈和向来极有兴趣，立即做出有力的回应。袁崇焕提出的先决条件，是要他先除去帝号，恢复称"汗"。

袁

崇

焕

皇太极居然同意了，但他还有一个要求，就是明朝皇帝赐一颗印给他，表示正式承认他"汗"的地位。这是自居为明朝藩邦，原是对明朝极有利的。但明朝朝廷不估计形势，不研究双方力量的对比，坚持非消灭清朝不可，当即拒绝了这个要求。皇太极一直到死，始终千方百计地求和，不但自己不停地写信给明朝边界上的官员，又托朝鲜居间斡旋，要蒙古王公上书明朝提出劝告。每一个战役的基本目标，都是"以战求和"。他清楚地认识到，清朝决计不是明朝的敌手，明朝的政治只要稍上轨道，清朝就非亡国不可。满族的经济力量很薄弱，不会纺织，收入不稳定。皇太极写给崇祯的信，可说谦卑到了极点。

然而崇祯的狂妄自大比他哥哥天启更胜一筹，对清朝始终坚持"不承认政策"，不承认它有独立自主的资格，决不与它打任何交道。

袁崇焕和皇太极一番交涉，使得皇太极自动除去了帝号，本来是外交上的重大胜利。但崇祯却认为是和"叛徒"私自议和，有辱国体，心中极不满意，由于他当时对袁崇焕依赖很重，隐忍不发，后来却终于成为杀他的主要罪状。

崇祯二年（1629 年）闰四月，加袁崇焕太子太保的头衔，那是从一品，比兵部尚书又高了一级。

此后，袁崇焕按照自己的思路和策略，用心经营宁远、锦州防线，使清军一直无法攻破辽东防区。

欲速则不达

辽东实际上有两个战场，一个是山海关及关外宁远锦州一线正面战场，明军与后金的对峙攻防；另一个是鸭绿江入海口的皮岛和辽东半岛金州的游击战场，毛文龙率部在后金后方夹击牵制。

毛文龙，浙江杭州人，文化程度较低，擅长骑马射箭。年轻时没有正当职业，摆地摊测字看相谋生。明万历三十三年 (1605 年) 被兵部主事沈光祚看中，推荐到辽东总兵李成梁部下任千总，后来考中武举人，名列第六。天启元年 (1621 年)，在辽东巡抚王化贞手下任标下游击 (无品级和名额定编，协调驻防地的防守接应援助事宜)。同年三月二十一日，努尔哈赤率军攻下辽阳时，毛文龙奉王化贞之命从海上联络抗后金力量，于七月乘虚攻下位于定辽右卫 (凤凰城) 东南面、靠近鸭绿江入海口的镇江堡 (即九连城)，并收编辽东地区的汉族难民十余万人，建立了一支 7 万余人的部队。明朝上下为之欢呼。毛文龙被王化贞升为副总兵。没过多久，镇江堡又被后金夺回。毛文龙被迫率军撤退到近海的鸭绿江入海口的皮岛上，此后升任总兵。

毛文龙之所以投军，主要原因是他有个舅舅在兵部做官。毛文龙喜欢下围棋，常通宵下棋，爱说："杀得北斗归南。"捧他场的人，说他的棋友中有一个道人，从围棋中传授了他兵法。如果真有这样的事，毛文龙的棋力一定相当低，因为他的兵法实在是令人汗颜。又有一个传说：他上京去投靠舅舅的前夕，睡在于庙（于谦的庙，在杭州与岳庙并称）里祈梦，梦到于谦写了十六个字给他："欲效淮阴，老了一半。好个田横，无人做伴。"这十六个字后来果然"应验"了：韩信27岁为大将，毛文龙为大将时52岁；田横在岛上自杀时，有五百士自刎而殉，毛文龙在岛上被杀，只有他一人死了。这当然是好事之徒事后捏造出来的。于谦见识何等超卓，又怎会将他这个无聊同乡去和韩信、田横相比？

毛文龙到达北京之后，因得到了舅舅的推荐，才得以到辽东去投效总兵李成梁，后来在袁应泰、王化贞两人手下，升到了大约相当于团长的职位。他的功绩主要是造火药超额完成任务和练兵，可见毛文龙是一个能干的后勤人员。辽东失陷后，他带了一批部队，在沿海各岛和辽东、朝鲜边境地区混来混去，打打游击。他招纳辽东溃散下来的中国败兵和难民，势力渐渐扩充，终于找到了一个机会，带领了98人，袭击镇江城，俘虏了后金守将。这是明军打败后金的罕有事件，王化贞大为高兴，极力推荐，升他的官，驻在镇江城。但不久后金大军反攻，镇江城就失去了。毛文龙将根据地迁到皮岛，自己仍在辽东、朝鲜边境地区打游击。

逃到皮岛上的汉人为数不少。毛文龙将之作为根据地后，再招纳汉人，声势渐盛。明朝特别为他设立一个镇，叫作东江镇，升毛文龙为总兵。

那时袁崇焕刚出山海关，还未建功。明朝唯一能与后金兵交战的只有毛文龙的军队，所以当时他的名气相当大。当时董其昌曾上奏说：国家只要有两个毛文龙，努尔哈赤便可以擒拿，辽东便可以收复。由此也可见到一般朝臣对毛文龙的好感。毛文龙不断升官，升到左都督，挂将军印，赐尚方剑。天启皇帝提到他时称为"毛帅"，不叫名字。

天启四年五月，毛文龙遣将沿鸭绿江、越长白山，攻入后金的东部，最后被守将击败，全军覆没；天启五年六月及天启六年五月，他又曾两次派兵袭击后金城寨，也都丧师败归。毛文龙打仗是不行的，可是连年袭击后金腹地，不失为有牵制作用。那时候明军一见后金兵就望风而遁，毛文龙胆敢主动出击，应当说他确实勇气可嘉。

他在中朝边区打游击时，虽然屡战屡败，却也能屡败屡战。上了皮岛之后，有了大海的阻隔，后金没有水师，安全感大增，加之又上了年纪，很快就腐化起来。

他在皮岛上开始做起生意来，并且越做越大。不但征收商船通行税，他还派人去辽东和朝鲜挖人参。一方面向朝廷要粮要饷，另一方面又向朝鲜要粮食，理由是帮朝鲜抵抗后金，要收保护费。朝鲜没有办法，只好运粮给他。他升官发财之后，对打仗更加没有兴趣了。当时皮岛驻军有28000人，战马3000余匹，皮岛之东的身弥岛驻兵千余，作为皮岛的外围，宁锦大战之时，毛文龙手拥重兵在旁，竟不发一兵一卒去支援，也不攻击后金兵后方做牵制。袁崇焕当然极不满意，但因自己的权力管不到他的头上去，所以，也没有办法。天启年间，毛文龙不断以大量贿赂送给魏忠贤和其他太监、大臣，对朝中当权派的公共关系做得极好。天启五年，御史麦之令弹劾毛文龙，认为他无用，辽东军务不能依靠他。魏忠贤极力袒毛，说麦之令是熊廷弼的同党，将他杀了。这样一来，所有反对魏忠贤的东林党清流派都恨上了毛文龙。

随着势力的不断壮大，毛文龙开始变得飞扬跋扈，不听节制，虚报军饷，俨然成了割据一方的军阀。袁崇焕对此早就有所耳闻。身任钦差大臣，督师蓟辽，兼督登、莱、天津军务后，袁崇焕成了毛文龙的顶头上司。如何避免熊廷弼与王化贞不和而互相掣肘，最终导致大败悲剧的重演，集中辽东各方兵力早日实现"五年平辽"的目标，实现精简兵员节省军费，都使袁崇焕不得不对毛文龙东江部队的出路进行慎重思考。

大鹿岛毛文龙碑亭

崇祯接位后，毛文龙的作风依旧不改。朝廷觉得皮岛耗费粮饷太多，要派人去核数查账。毛文龙多方推托。

袁崇焕的新任命，理论上是有权管到毛文龙所在的皮岛东江镇的。于是，朝中便有人建议皮岛的粮饷经由宁远转运，意思就是说皮岛的粮饷由袁崇焕控制。甚至有人主张撤退皮岛守军，全部调去宁远。这些主张都遭到毛文龙的抗拒，而兵部又对毛相当支持。

在关内外防线基本巩固后，袁崇焕先是奏请崇祯皇帝撤销了辽东巡抚和登莱巡抚两个建制；之后，就着手应对东江部门的节制与精简事宜。

其实，早在离开北京赴任前，袁崇焕就确定了这样一个基本态度：如果毛文龙服从指挥，就继续重用，否则就设法除掉。到任之初，袁崇焕立即给毛文龙发出了一个强烈的试探信号——他下令登州所有船只严禁出海；所有运往东江的物资装备一律先运抵宁远附近的觉华岛（今菊花岛），经过旅顺口，再运到皮岛；原来由天津发送给东江镇部队的粮饷，也一律经过觉华岛，加挂督师衙门的旗号后才允许出海。这样做，既控制了毛文龙的粮饷装备供给渠道，也切断了皮岛原来的海上贸易命脉，从经济上显示了节制权威。

果然不出袁崇焕所料，毛文龙直接向崇祯皇帝告状，说袁崇焕的做法无异于"拦喉切一刀"，想置他和东江镇部队于死地；并说袁崇焕的所作所为，与少数朝中大臣攻击东江镇部队虚报军饷，都是个人意气用事，只逞一时之私愤，弃国家危难于不顾，纯粹是同室操戈搞内耗。

这一告，将辽东两位将帅的矛盾彻底公开化了。崇祯皇帝在安慰毛文龙"从长商榷"的时候，对袁崇焕的态度似乎没有过多考虑，对两人矛盾激化的后果更没有及时采取措施加以预防。袁崇焕也可能据此错误地领会，崇祯皇帝默许了自己的做法。

袁崇焕写信给首辅钱龙锡商量，要杀毛文龙。钱龙锡回信劝他一切慎重。袁崇焕在北京的时候，就曾和钱龙锡提起过要杀毛文龙的事，当时袁对钱龙锡说，要恢复辽东，必须从整肃东江镇的军纪开始。

除掉毛文龙的主意一拿定，袁崇焕就立即付诸行动。一方面，他奏请皇上催促户部将 10 万两军饷早日发给东江镇，缓解毛文龙的怨气，其实这是为了麻痹毛文龙；另一方面报告皇上批准，以面授方略、

袁崇焕

商议东西夹击后金的军事计划为名，邀请毛文龙离开皮岛到三岔、旅顺之间的双岛见面。武夫出身的毛文龙终究是个大老粗，至死也没有识破这是一个"圈套"，毫无准备地钻了进来。

袁崇焕决心要解决这件事。崇祯二年五月二十二日，袁崇焕离开宁远，去和毛文龙会谈，约定了在旅顺附近的一个小岛上相会，这小岛叫双岛。从宁远经渤海到旅顺和从皮岛经黄海到旅顺，旅顺都是一个中间地点，也可说是中立地带，所以海程大致相等。那时毛文龙对袁崇焕早已心存疑忌，如果邀他到宁远相会，他肯定不会来的。但是如果袁崇焕去皮岛，却又是身入险地。所以，只好找了一个中间的地段。

袁崇焕除乘坐的船之外，还另带了 38 艘船，出发前，他先试放了西洋大炮，射程远的有五六里，近的有三四里。二十六日到双岛，登州带了兵船 48 艘来会。二十七日到岛山停泊，旅顺的军官前来参见。袁崇焕带众将上山，到龙王庙去拜龙王，对众将训话："本朝开国，中山王徐达、开平王常遇春诸君起初在鄱阳湖、采石矶大战，后来一直打到漠北，水战固然胜，马步战也胜，才能驱逐胡元，统一中国。现在你们的水师只能以红船在水上自守，后金鞑子不下海，难道能赶他们入海打水战吗？所以水师必须也能陆战。"

4 天之后抵达距旅顺水路 40 里的双岛海面。三十日晚上，毛文龙带兵 3500 人从皮岛赶来，在双岛上扎营。次日，毛文龙上"督师船"拜谒袁崇焕并送上见面礼，随后袁崇焕回访毛文龙的座船。六月三日，袁崇焕登上双岛，毛文龙在临时的营帐内设宴接风，两人秘密交谈了一整天。其间，袁崇焕半开玩笑半认真地请毛文龙告老还乡，原部队由他直接指挥，而毛文龙反唇相讥。上岛的第二天，袁崇焕通过毛文龙的随从向其转达了改编部队、听从节制，在东江、金州设立行政管理机构等要求，毛文龙同意前两项，但拒绝在所镇守的范围内设行政管理机构。

六月五日，袁崇焕在双岛召集毛部将士，按每名官员三至五两、士兵一钱的标准，向3500名官兵补发10万两饷银。毛文龙进入督师营帐内当面致谢。袁崇焕吩咐让其部将一起进入营帐。问起毛文龙部将姓名，个个都姓毛，毛文龙在一旁解释说，这些都是他的子孙部将，百分之百的"毛家军"。袁崇焕发表了一番热情洋溢的讲话，大大地赞赏了东江镇部队将士艰苦作战镇守要地的功劳，令毛文龙的部将们叩头感动不已。

随后，袁崇焕话锋一转，当众宣布了毛文龙的十二条罪状。第一，九年以来，兵马钱粮不受经略、巡抚核管；第二，虚报战功，欺骗朝廷；第三，刚愎自用，嚣张跋扈，不听上级号令；第四，私自侵吞国家边疆海域钱粮；第五，擅自设立马市贸易，私通朝鲜及后金；第六，结党营私，把部将当成私人爪牙，亵渎朝廷赋予的权力；第七，打劫商旅，获赃无数，形同海盗；第八，好色淫秽，奸淫女子，生活作风败坏；第九，动用私刑，拘禁难民，草菅人命；第十，明知故犯，违反边关将领不得交结皇宫内侍人员的禁令，图谋不轨；第十一，邀功请赏，欺骗朝廷，掩盖败绩；第十二，立足皮岛八年多，没能收复辽东寸土。说完这十二条罪状，袁崇焕就命令部下捉住毛文龙，剥去官服，用绳绑住。毛文龙毫无思想准备，虽然不甘心束手就缚，也无可奈何。随从的部将大惊失色，一下也不知所措，无人出来反抗。其实，袁崇焕早已让参将谢尚政（东莞茶山人，后又指证袁崇焕擅杀毛文龙）部署妥当，即使毛的部将反抗也会立即被镇压。

袁

崇

焕

这十二条罪状中，有几条罪状平心而论是不成立的。毛文龙说取登州、南京易如反掌，只不过是一时的夸口，并非真的是要造反；他向外国买马，当是军中需要；擅自封官是得到朝廷授权的，部将喜欢姓毛，只是他们在拍主帅的马屁，这些都没有什么大不了；不能恢复寸土，只能说他无能，但这并不能说他有罪，要打败后金兵，恢复失地，谈何容易？在岛上为魏忠贤塑像，更难以算他有罪。天启年间，魏忠贤权势熏天，各省督抚都为魏忠贤建生祠、塑像而向他跪拜。当时袁崇焕在宁远也建了魏忠贤的生祠。时势所然，人人难免。

看到现场没出大乱子，袁崇焕对毛的部将说："毛文龙罪大恶极，你们认为当斩不当斩？如果有人认为我冤枉了他，就请上来杀了我！"说完这话，袁崇焕真的摆出引颈就戮的架势来。

隔了一会儿，众将知道是怎么回事后，纷纷叩头哀求刀下留人。袁崇焕还是厉声数落毛文龙的大逆不道，并强调实现"五年平辽"的目标，靠的就是军法严明，令行禁止。像毛文龙这样无法无天的人如果不正法，如何能服军心。并说当日皇上赐给自己尚方宝剑正是为了严肃军纪。毛文龙一听，以为袁崇焕是奉了皇上之命前来处斩自己，连忙承认自己罪该万死，但哀求从宽赦免。袁崇焕不为所动，手托尚方宝剑，朝着京城的方向行"请旨礼"，说："为了严肃军纪国法，微臣今天诛杀毛文龙。今后，如果再有将领像毛文龙这样不听号令、无法无天，一律斩首。五年之内我不能平定辽东，到时也请求皇上像今日处斩毛文龙一样将我处斩！"说完此话，袁崇焕就将尚方宝剑交给旗牌官（钦差大臣被授给写有令字的蓝旗和圆牌，是拥有先斩后奏便宜从事特权的标志。掌管这类"旗"与"牌"的官就被称为旗牌官），立即将毛文龙在营帐前斩首。

处死毛文龙后，袁崇焕立即稳定毛文龙部将的军心，他说："今天我只斩毛文龙一人，其他将领无罪，原职带兵。希望大家不要受毛文龙的影响，继续全力报效国家。"接着，袁崇焕宣布改编命令，将东江镇部队分为四支，分别由毛文龙的儿子毛承禄、旗鼓中军徐敷奏、游击刘兴祚、副将陈继盛统率。皮岛及金州的行政事务暂时由陈继盛代管。第二天，袁崇焕为毛文龙举行祭礼，并声称，处斩毛文龙是出于维护纲纪国法之公心，拜祭毛文龙是出于朋友私交之情谊。

毛文龙死后，有些不服气的部将渐渐离去，其中重要的叛将有孔有德、耿仲明、尚可喜。这三人投降后金，为清朝出了很大力气，后来都封王。清初四大降王，除吴三桂外，其余孔、耿、尚三人都是毛文龙的旧部。不过这也不能说是袁崇焕的过失。

对于"杀毛事件"，当时舆论大都是同情毛文龙的。一般朝臣认为，毛文龙即使有罪，也不该袁崇焕杀。毛文龙是一个镇的总兵，也只能由皇帝下旨诛杀。袁崇焕擅杀大将，严重地侵犯了君权。

袁崇焕随即犒赏军士，尽除皮岛毛文龙的虐政。回宁远后上奏禀报，最后说：毛文龙是大将，不是臣有权可以擅自诛杀的。臣犯了死罪，谨候皇上惩处。

对于毛文龙，是用是杀，袁崇焕实际上处于两难境地。袁崇焕深知，要在五年内征服后金平定辽东，单靠西线明军的力量显然不够，只有争取到东线明军的有力夹击才可增加胜算。依照毛文龙的个性和一贯作风，听从节制协同作战的可能性又极小。在明朝财政日趋困难、军费开支庞大紧张的形势下，袁崇焕提出精简兵员节省军费的建议，得到崇祯皇帝的高度评价并推行到其他各个军事重镇。毛文龙虚报兵员人数冒领军饷，抵制精简，既增加了军费负担，也滋长了军中的腐败；既不利于明军战斗力的提高，也有碍辽东精简兵员节省军费方针的贯彻。加上毛文龙曾投靠阉党，而袁崇焕本来就痛恨阉党腐败，还曾身受阉党的迫害辞官归乡，杀毛文龙之举无疑也夹杂了这种感情。基于上述复杂的原因，不得不杀毛文龙。然而，杀了毛文龙，东线军心严重动摇，袁崇焕能不能如愿实现统一指挥，更好地发挥牵制夹击作用，也是一个疑问。

袁崇焕杀毛文龙之举，恰恰犯了"欲速则不达"的错误，出现了事与愿违的结果。后来的种种情况表明，杀掉毛文龙，给袁崇焕个人乃至整个辽东战局都种下了祸根。

其一，东江明军力量迅速弱化。东江镇明军的大部分将官，多年跟随毛文龙出生入死，心甘情愿做毛文龙的子孙部将，与毛文龙的关系非同一般。毛文龙被杀时，他们无可奈何，但当他们回到原来的位子上统兵作战时，不满情绪日趋强烈。由袁崇焕任命、统率毛文龙的一部分旧部并代管东江行政事务的副将陈继盛，不久就被东江部分叛乱将士杀害。毛文龙的子孙部将孔有德、耿仲明愤然离开东江，投奔山东孙元化，担任登、莱参将。即使是袁崇焕被朝廷千刀万剐，也没能消解他俩因毛文龙被杀对朝廷的怨恨。崇祯六年（1633年），当他们接到援助辽东的命令后，竟然自封元帅，发动武装叛乱，所向披靡，危害山东。不久，干脆渡海向对手投降，后来成为清军入关南下的主力。

其二，后金少了东江的顾忌后，对明军迅速采取攻势。毛文龙部能够长期立足后金后方，说明了他们具有相当的战斗力。后金对东江部队的游击战的牵制也有所顾忌，因而不敢倾力进攻宁远明军，是两军形成对峙局面的因素之一。毛文龙一死，东江部队失去了灵魂，加上内讧不断，一下子很难对后金构成威胁，后金终于去掉一个心病。时隔不久，后金就挥师直驱明朝京城，说明诛杀毛文龙是一件不理智的事情。

其三，加深了崇祯皇帝对袁崇焕的不信任。这从崇祯获悉毛文龙被杀后的震惊与无奈中可以看出来。

在有关事宜安排停当后，当年的六月九日，袁崇焕启程返抵宁远。当日立即写了一道数千字的奏章，原原本本报告了处斩毛文龙的原因与过程。

接到毛文龙被杀的消息，崇祯皇帝非常震惊。将在外，君命有所不受，况且袁崇焕手里有尚方宝剑，被赋予先斩后奏的特权。辽东战局全权既然已交付给袁崇焕，而毛文龙被杀已成事实，想到这些，崇祯也就无可奈何了。为了不影响袁崇焕一心平辽，崇祯皇帝在六月十八日批复了袁崇焕的奏章，强调毛文龙罪有应得，杀之以正国法理所当然。为了封住朝廷大臣议论口舌，崇祯皇帝还专门就此事给兵部发了一道圣旨，重申了支持袁崇焕的态度。然而，从崇祯皇帝不声不响铲除魏忠贤及阉党骨干分子的作风推测，他打心眼里非常恼火袁崇焕擅自斩杀边关大将的行为。后来，崇祯皇帝中了后金的反间计，冤杀袁崇焕的事实也充分说明了这一点。

杀了毛文龙以后，袁崇焕重新编定了辽东的兵员，山海关内外、山东登莱二州、天津、东江四处的部队定编15万余人、8万多匹马，每年军费480万两，比原来节省了120万两，崇祯皇帝对此表示满意。

当时大名士陈眉公对"杀毛事件"抨击甚烈。另一个大名士钱谦益是毛文龙的朋友，对朝野舆论当然也有影响。《明季北略》甚至说：袁崇焕捏造十二条罪名来害死了毛文龙，与秦桧以十二道金牌来害死岳飞如出一辙。这却又是过分地批评了。

推测袁崇焕之所以用这样的断然手段杀毛，首先是出于他刚强果决的性格。其次，文人带兵，一定熟读孙子兵法，对于孙子杀吴王爱姬二人，因而使得宫中美女尽皆凛遵军法的故事，对于"将在外，君命有所不受"的军法观念，一定印象十分深刻。那时候宁远、锦州、蓟州各处军事要地都曾发生兵变，如不整饬军纪，根本不能打仗。袁崇焕明知这样做不对，还是忍不住要杀毛，推想起来，也有自恃崇祯奈何他不得的成分。最后，毛文龙接近魏忠贤，袁崇焕接近东林清流，其中也难免有些党派成见。

这时候朝廷又欠饷不发了。袁崇焕再上奏章，深深忧虑又会发生兵变，更忧虑兵卒哗变后不再接受安抚，从此变为"大盗"。他说一定要发生一次兵变，才发一次欠饷，而发了欠饷之后，又一定将负责官员捉去杀了一批，这样下去，永远是"欠饷——兵变——发饷——杀官——欠饷"的循环。这道奏章，当然只会再度加深崇祯对他的憎恨。

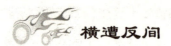

横遭反间

　　其实前面提到的以辽人卫辽，以防守为主，寻找战机出奇制胜，并以议和为辅助手段，三招并用，是袁崇焕"五年平辽"方略的一部分。

　　而且袁崇焕主张与后金议和，主要目的是为构筑辽东防线争取时间。但此举受到大多数明朝中央政府官员的反对和指责，因为议和也使后金趁机出兵征服了朝鲜，使明朝失去了名义上的一股牵制力量。这也是袁崇焕上次辞职回乡的原因之一。但是，袁崇焕还是坚持把议和作为辽东整体战略的一部分。这虽然出于辽东战事的实际需要，但从中也反映了袁崇焕性格中倔强的一面。

　　崇祯二年 (1629) 年初，后金所辖地区发生大饥荒，物资匮乏，民心不稳。为了转移视线，也为了通过谈判骗取明朝的物资，五六月间，几乎与袁崇焕处理毛文龙东江部队事件的同时，皇太极多次派出使者，并写信给袁崇焕，提出停止敌对、与明朝修好，条件是明朝赔款并补偿物资给后金。袁崇焕识穿了皇太极的阴谋，故意拖延应付，不做实质性答复。同时，要求宁远、锦州前线官兵做好战事准备，严防后金发动进攻。

在袁崇焕离职一年的时间里，皇太极采取联姻和征服并举的办法，收服了长城以北的蒙古各部。这样，明朝的两大劲敌已经联手，后金的军事威胁已不仅仅针对山海关及其关外地区，还扩展到京城以北的长城沿线军事重镇。

在巩固辽东防线的同时，袁崇焕向朝廷指出了蓟州、遵化一带守军力量薄弱的问题，并提出在此设立一团练总兵，加强防守。因为蓟州不保，京城的门户一旦打开，就会带来全局性的灾难。兵部尚书王洽没有采纳袁崇焕这个富有远见的建议，给了皇太极西进的可乘之机。

崇祯二年十月十六日，皇太极在蒙古喀喇沁部的向导下统兵西进。得到这一情报后，袁崇焕及时命令参将谢尚政率兵前往蓟州协助防范。但当时的蓟州巡抚王元雅昏庸得很，以后金兵去向不明为由，强行拒绝谢尚政所率部队的协防。八天后，皇太极不顾孤军深入的危险，决定分兵两路攻打长城大安口、龙井关，力争在遵化会师。十月二十六日，后金与蒙古联军向两地发起进攻。由于当地明军毫无准备，三天后两个关隘先后被攻陷。明朝京城震动，急忙于十一月一日宣布京城戒严。

得到后金八旗兵进攻的消息，袁崇焕马上下令赵率教统兵 4000 人赶往遵化支援，经过三天三夜的急行军，援军到达遵化附近的三屯营城堡。但守卫此地的总兵朱国彦莫名其妙地拒绝援军入城并肩抗敌，迫使疲惫至极的援军没来得及休整，就与前来攻城的后金两路大军狭路相遇在城外。经过一番激战，援军全军覆灭，辽东一代名将赵率教就这样阵亡。三屯营、遵化相继被攻陷，巡抚王元雅死于乱军之中，

督师蓟辽——重整军队塑精兵

朱国彦兵败自杀。

赵率教率军出发的同时，袁崇焕亲自率军驰援京师，十一月九日抵达蓟州，按照崇祯皇帝的谕旨，及时进行了山海关及京师附近的防御作战。由于当地明军不堪一击，关外援军经过连日来千里奔驰，体力消耗甚大，战斗力严重下降，没法有效阻挡后金兵的西进。十一月十二日，皇太极率军直抵京城外围的通州，没想到袁崇焕早三天到达此地设防，两军交战，后金兵受阻。在相持不下的情况下，皇太极撤兵急速进攻京城。于是，袁崇焕又率领 9000 名将士两天两夜急行军，十一月十六日比后金兵早三天抵达北京城广渠门外扎营御敌。

京城宣布戒严的当天，崇祯皇帝下令各省军队前来保卫京师。但是，只有大同总兵满桂和宣府总兵侯世禄率兵及时赶到，驻扎在德胜门外。

十一月二十日，后金八旗兵分两路对北京城发起进攻，袁崇焕所率援军及满桂、侯世禄所率领的勤王军队分别与后金军队交战于城南广渠门、城北德胜门外。侯世禄部很快就溃不成军，满桂部独自在德胜门外激战，不久被守城明军火炮自伤，满桂与所部百余残兵撤进城中。广渠门外，袁崇焕指挥辽东将士与敌军激战 6 个小时，杀敌千余人，八旗兵统帅、六贝勒阿巴泰受伤，进攻被击退。第二天，皇太极被迫退至南海子。到十一月二十九日，袁崇焕又派炮兵进攻南海子，迫使皇太极继续后撤。

十二月一日，袁崇焕正准备派将追剿八旗退兵之时，崇祯皇帝突然召见他与祖大寿、满桂等人。一见面，崇祯皇帝就罗列了袁崇焕的三大罪状，一是擅自杀害毛文龙，二是引敌兵围攻京师，三是内讧射伤大将满桂，并让满桂当场解甲验伤。袁崇焕一下没反应过来，无以为答。崇祯立即令锦衣卫剥去袁崇焕的军装，逮捕入狱，等候审判。在场的朝廷大臣震惊不已，只有礼部尚书成基命站出来劝谏，希望崇祯皇帝慎重考虑，兵临城下正是用人之际，但崇祯皇帝一意孤行，态度坚决。随行的祖大寿一见，吓得发抖，不断叩头乞求皇上慎重从事。

逮捕袁崇焕虽然事出突然，但绝不是崇祯皇帝的一时冲动。早在后金攻陷长城两个关口时，兵部尚书王洽担心被追究责任，就恶人先告状，往袁崇焕身上泼脏水。他口口声声地说，早在后金兴兵西进之日，兵部就要求袁崇焕发兵阻击，但始终没见行动，致使后金兵顺利西进，如入无人之境，直逼京师，并要求严重警告袁崇焕。当时，崇祯皇帝显然已对袁崇焕不信任。所以，当袁崇焕到达广渠门外御敌时，崇祯皇帝只召见了前来救援的大同总兵满桂，而将袁崇焕冷落一旁，并下令不让袁崇焕所部将士入城休整。

王洽推诿责任的谎言，没有让自己逃过失职惩处，不久被下狱问罪，病死在狱中。但王洽的话使许多不明真相的朝廷官员、京城百姓一齐把愤怒发泄到袁崇焕身上，一时谣言四起。官员们推断，袁崇焕多次与皇太极议和，皇上没有批准，因而暗中与皇太极约好，招引后金兵临京师城下，逼迫朝廷与后金签订和约。在他们眼中，袁崇焕千里驰援，是在演"双簧戏"。这样一来，崇祯皇帝就更加疑神疑鬼了。

大敌当前，前来"勤王"的袁崇焕昔日部将、大同总兵满桂乘机落井下石。他先是让部下冒充袁崇焕的部队，抢劫京郊百姓及王公贵族，激起众怒；接着又向皇上告状自己与敌兵交战时，袁崇焕不但袖手旁观不施援助，反而让部下射箭偷袭，致使自己中箭受伤。当日宁远大捷之后，满桂与赵率教等将领为了争功发生矛盾。袁崇焕生性率直，作为上司，据实向朝廷做了反映，既肯定满桂在宁远

督师蓟辽——重整军队塑精兵

之战中的功劳，也指出了满桂性情暴躁、与诸将不和、居功自傲等缺点。为避免前线将领矛盾加深，袁崇焕还提出调离满桂。满桂认为袁崇焕偏袒赵率教，从此怀恨在心，趁这次入援京师之机，挟私愤栽赃报复。

努尔哈赤之死与其在宁远之战中被袁崇焕打败有直接关联。皇太极一向视袁崇焕为杀父仇人，一心想除掉袁崇焕而后快。对于袁崇焕千里驰援京师与八旗兵激战，皇太极感到十分意外，也非常恼恨。此次孤军深入直逼明朝京师城下，有袁崇焕的关外雄兵抵挡，要攻下北京城已难如愿，要安全撤退也面临巨大困难。这时京师对袁崇焕的不利传言，给了皇太极一个好机会。随行的谋士范文程，给皇太极出了个反间主意。当时，正好后金捉了两名明朝皇宫太监，其中的杨太监还是崇祯皇帝身边的人。皇太极就让副将高鸿中、参将鲍承先等人当着两位太监的面，假装偷偷地议论说："这次进兵北京的军事行动，早就与袁崇焕约好了。今日退兵，也是应袁崇焕的请求才这么做的。"之后偷偷地放跑了这两个太监。逃回皇宫后，杨太监一五一十将自己听到的话向崇祯皇帝报告。本来就起疑心的崇祯皇帝，联系种种传言与迹象，于是认定袁崇焕是这次后金兵临京师城下的罪魁祸首。清朝修《明史》时，用"会我大清设间，谓崇焕密有成约，令所获宦官知之，阴纵使去。其人奔告于帝，帝信之不疑"几句话，对此做了明确的描述。皇太极的反间计，既除掉了杀父仇人、辽东劲敌袁崇焕，也为八旗兵安全撤退创造了条件，达到了一箭双雕的效果。

第八章

含冤而死——遭人陷害被磔示

袁崇焕为明朝立下了汗马功劳，没想到却遭到了朝臣和崇祯的怀疑和嫉妒，最终被捕下狱，最后惨遭磔示。日落西山的明王朝杀了自己的救命恩人，从此失去了这位为了国家不顾生死的大将，加速了自身的衰亡，最后被清朝灭亡。

蒙冤遭凌迟

袁崇焕被捕的消息，对远道驰援京师的辽东将士来说，仿佛晴天霹雳。当天，太监车应祥向他们宣布崇祯皇帝问罪袁崇焕的圣旨时，在场的辽东将士无不放声大哭。一起被召见、亲眼看到袁崇焕被捕的祖大寿，回到军中，惊魂未定，马上带领部队"叛逃"折回宁远。受袁崇焕直接指挥的副总兵周文郁也护持"督师旗"回到山海关。到了第四天，追击后金兵和分守各州县的15000多名辽东将士人心惶恐，溃不成军，各自逃散。

当时，前任辽东经略孙承宗受命前往安抚，辽东各位将领无不沉浸在悲愤之中，向他哭诉了当时的情形："主帅被杀（当时军中以为袁崇焕已被处斩），城中自己的军队又用炮火攻打我们，不得已只好远走逃避。"崇祯皇帝的所作所为，令辽东将士心寒。

无奈之下，崇祯皇帝被迫接受孙承宗的建议，让辽东将领自行解散士兵，放这些士兵一条生路。袁崇焕的"威胁"是解除了，但后金八旗兵还没走远，还指望着一举攻下北京。这时，陆续来了一些"勤王"的明军，崇祯皇帝就临时拼凑了三支部队对付后金八旗铁骑，一支是各路援军，由满桂指挥，另两支是刚刚组建的新军，分别由新任总兵申甫、新任兵部右侍郎刘之纶招募统领。几天后，三支部队出城作战，先后全军覆没，满桂、孙祖寿、刘之纶等统兵将领阵亡。满桂挟私愤报复袁崇焕，自己也招致了悲惨下场。申甫本为装神弄鬼的江湖术士，经朝廷官员推荐，竟然得到崇祯皇帝的信任。当其吹嘘可以击退后金围城军队时，崇祯皇帝竟然破格提拔他为副总兵，还下令拨款 70 万两银子让他造车组军，结果 7000 名从市井招来的新军，到了战场全部被歼。三支部队 22000 余人就这样全军覆没了。

崇祯二年腊月时期，中国北方的情形可以说是惨不忍睹。在永平、滦州、迁安、遵化一带的城内和郊外，后金兵的长刀正在砍向每一个汉人，满城都被鲜血染红了，满地都是百姓的尸首。

在通向长城关口的大道上，数十万汉人，有男有女，有老有少。他们哭哭啼啼地行走着，而跟在他们后面的骑在马上的后金兵正挥舞着鞭子在驱赶他们。

辽河大平原上白茫茫的一片冰雪。数万名身经百战、满身累累枪伤箭疤的关东大汉，伏在地下向着北京号啕痛哭，因为他们的督师快要被皇帝杀死了。战马悲嘶，朔风呼啸，绵延数里的雪地里尽伏着愤怒伤心的豪士，白雪不断地落在他们的铁盔上、铁甲上。

祖大寿撤兵，显然是出于愤怒，但此事一发生，温体仁想到的却是想要趁这个机会除掉自己的政治对手。于是，他立即上疏弹劾东林党魁钱龙锡，称是他唆使祖大寿撤兵的，又令其党羽继续上疏，称当初抓捕袁崇焕的时候，祖大寿也在场，当时他怎么没有说他是冤枉的，而却在两天之后，突然领兵走了，这肯定是钱龙锡和袁崇焕教唆的。

袁崇焕

两人如此阴谋诡计，他们眼里还有没有皇上？当时朝臣多数惧怕崇祯以及温体仁打击，而不敢为袁崇焕求情、申冤。给事中钱家修、布衣程本直上疏为袁崇焕鸣冤无效，最后程本直鸣冤而死，一时传为美谈。

祖大寿一撤军东行，19岁的崇祯开始急了，他想到的是自己的安危，他怕祖大寿一撤军，就没有能征善战的军队来保护他这个皇上了。于是，他急忙召集群臣商议对策，余大成说："祖大寿惧怕皇上连罪，不得不反，只要袁崇焕写一封手书，就可以把他召回来。"成基命也认为只有这个办法是可行的。崇祯一听，马上派人到监狱里催促袁崇焕给祖大寿写信。袁崇焕刚开始还拒绝说："祖大寿之所以听从我的命令，是因为那时候我是督师，而现在我只是一个阶下囚，哪里能命令祖大寿呢。"皇上又派余大成来给袁崇焕讲大义，袁崇焕想到此时此刻明朝正处于危亡之际，这时候不能顾及自己的安危了，为了国家，袁崇焕快速写了一封信，朝中立即飞马急追祖大寿。

此时，祖大寿刚出山海关，正打算往锦州走。飞骑追到他，出示了袁崇焕的手书，祖大寿立即下马捧书大哭，全军均泣涕不止。祖大寿是出名的孝子，他每次出军他的母亲都随他左右，此时，他的母亲和孙承宗都劝他奋勇杀敌以赎出袁督师。在辽东将领中，他是营救袁崇焕最卖力的一员，曾请求削职为民，以自己的官阶赠荫换取袁督师性命。但袁崇焕最终还是被他奋勇保卫的人千刀万剐了。之后祖大寿率领袁崇焕旧部——这支大明最精锐的部队，驻守宁远、锦州、大凌河等要塞，抵御清兵的入侵。

如果此时崇祯能够立刻悔悟，放袁崇焕出来带兵，明朝仍然大有击破清兵的机会。但崇祯只是一味急躁求战，下旨分设文武两经略。这又是事权不统一的一个大错误，大概他以为文武分权，总不能两个

含冤而死——遭人陷害被磔示

经略一起造反。文经略是兵部尚书梁廷栋，武经略是满桂。

清兵于十二月初一攻克良乡，得到袁崇焕下狱的消息，皇太极大喜，立即自良乡回军，至卢沟桥，击破明副总兵申甫的车营，迫近北京永定门。

申甫的所谓"车营"，是崇祯在惶急之中所做的许多可笑事情之一。申甫本来是个和尚，异想天开地"发明"了许多新式武器，包括独轮火车、兽车、木制西式枪炮等，自吹效力宏大。崇祯信以为真，立即升他为副总兵，还发钱给他在北京城里招募了数千名市井流民，成立了新式武器的战车部队。大学士成基命去检阅新军，认为这支部队决不可用，崇祯固执不听。皇太极回师攻来时，这支战车部队出城交锋，一触即溃，木制大炮自行爆炸，和尚发明家阵亡。

满桂身经百战，深知应当持重，不可冒险求战，但皇帝却不停地催促，如果不出战，肯定会落下与袁崇焕一样的下场，无可奈何之下，满桂只得与总兵孙祖寿、麻登云、黑云龙等集骑兵、步兵四万列阵。皇太极令部属冒穿明兵服装，拿了明军旗帜，黎明时分突然攻近。明军不分敌友，顿时大乱，满桂、孙祖寿都战死，黑云龙、麻登云被擒。京师大震。

这时祖大寿、何可纲等人得到袁崇焕狱中手书，又还兵来救。皇太极对袁崇焕的部队始终有忌惮，感到后路所受的威胁严重，于是并不进攻北京，写了两封议和的信，放在安定门和德胜门城门口，取道冷口而还辽东。

崇祯四年，祖大寿奉孙承宗之命坚守大凌河城，八月，大凌河城才修到了一半，皇太极再次以倾国之师，将大凌河城团团围住。祖大寿突围不得，援军又被击退，只能闭城坚守。皇太极不断地送信劝他投降，他都不予理睬。就这样坚守了 3 个月，最后无论如何都没有办法再守下去了，所有的将领，除了副将何可纲，都认为只有投降一条路可走了。于是祖大寿长叹一声："人生岂有不死之理？但为国为家为身，三者并重。今既尽忠报国，唯惜此身命。"于是杀了誓死不从的副将何可纲，与皇太极在城外设坛盟誓，算是正式投降了。然后，他向皇太极献策，说愿意带一支兵

皇太极像

马去锦州，在城里当内应，皇太极满心欢喜。但祖大寿进锦州城后就抵抗清军。皇太极恼羞成怒，两次御驾亲征攻打锦州、宁远，都无功而返。祖大寿又为明朝守了 10 年的城，直到崇祯十四年四月，清兵再次倾国而来，包围了锦州城。这一次整整围了一年，洪承畴的 14 万援军在松山被击溃，洪承畴投降；祖大寿粮尽援绝，只好再次投降。这样的情况下，皇太极仍没有杀他，只是没有给他部队，也没再重用他。

当清兵围城时，崇祯又开始张皇失措，这不单表现在将袁崇焕下狱一事上，此外，因为这事受牵连的大臣还有不少。崇祯认为兵部尚书王洽处置不善，将其下狱。王洽相貌堂堂，魁梧威猛，当时是很出

名的。崇祯当初用他做兵部尚书，就是看中了他的相貌，说他像个"门神"。当时北京百姓私下说，门神是一年一换，这个王门神的兵部尚书一定做不长久。果然不到过年，门神就除下来了。围城时一切混乱，监狱中的囚犯乘机大举越狱，于是崇祯又将刑部尚书和侍郎下狱。崇祯又"发觉"北京的城墙不大坚固，似乎挡不住清兵猛攻，其实，那时城墙就算坚固至极，他也会觉得还不够坚固，于是将工部尚书和工部几名郎中一起在朝廷上各打八十棍再下狱。三个郎中两个年老一个体弱，都在殿上当场被活活打死了。至于那个蓟辽总督刘策，他负责的长城防线被清兵攻破，崇祯将他处死，更是不在话下。

当时各地来北京勤王的部队确实不少，本来由袁崇焕统一指挥，大可发挥其威力。但袁崇焕一下狱，各路兵马便开始军心大乱，再加上欠饷和指挥混乱，山西和陕西的两路援军都溃散回乡，成为"流寇"。"流寇"本来都是饥民，只会抢粮，不会打仗，这些溃兵一加入，有了军事上的领导，情形完全不同了。就从那时开始，"流寇"真正成为明朝的心患。

袁崇焕蒙冤下狱，朝中群臣大都知道他是被冤枉的。内阁大学士周延儒、成基命和吏部尚书王来光都上疏解救袁崇焕。总兵祖大寿也上书说愿削职为民，为皇帝死战尽力，为袁崇焕赎罪。袁崇焕的部属何之壁率领全家四十几口人，到宫外申请，愿意全家入狱，将袁崇焕换出来。崇祯一概不准。崇祯一定也清楚地知道，单凭杨太监从清军那里听来的几句话，就此判定袁崇焕有罪，那是不能令人信服的，何况这"群英会蒋干中计"的故事，人人皆知。皇帝现在则变成了大白脸曹操，他也觉得羞耻。这时宫中发生了一件奇怪的事情：御史曹永祚忽然捉到了七名奸细，他们自称是奉袁崇焕之命去送信给

袁
崇
焕

清军的。这七名奸细交给锦衣卫押管。崇祯命诸大臣会审，不料到了第二天辰时，诸大臣会齐审讯的时候，锦衣卫却报称说：七名奸细都逃走了。众大臣相顾对视，心中自然雪亮雪亮的，皇上是下决心要杀袁崇焕了。锦衣卫又是皇帝的御用兵，放走这七名"奸细"，自然是出于皇帝的密旨。猜想起来，那御史曹永祚本来想附和皇帝，安排了七名假奸细来诬陷袁崇焕，但不知如何，部署无法周密，预料众大臣会审一定会露出马脚。崇祯就吩咐锦衣卫将七名奸细放了，更可能是悄悄杀了灭口。

对于这件事情，负责监察、查核军务的兵部给事中钱家修向皇帝进行了严重责问。崇祯难以辩驳，只好敷衍他说，等将袁崇焕的事情审问明白之后，便将他派到边疆去办事立功，还准备升他的官。崇祯这个答复，其实已等于承认了袁崇焕无罪。

兵部职方司主管军令、军政，对军务内情再清楚不过了。职方司郎中余大成极力为袁崇焕辩白，而兵部尚书梁廷栋却反对，为了这事，他们俩几乎天天为了袁崇焕的事情争执。当时朝廷加在袁崇焕头上的罪名无非就只有两条，一是"叛逆"，二是"擅主和议"。所谓叛逆，唯一的证据是擅杀毛文龙，去敌所忌。袁崇焕擅杀毛文龙，在手段上固然有错，可是，在杀了毛文龙之后，崇祯已经明令公布毛文龙的罪状，又公开嘉奖袁崇焕杀得对，就算真的不该杀，可是当时他已经说袁崇焕做得对，现在追究起责任来，责任也是在皇帝了，这已经不能算作是袁崇焕的罪名了。

嘉靖年间，曾有过一个类似的例子：在徐阶的主持下，终于扳倒了大奸臣严嵩、严世蕃父子。严世蕃十分工于心计，在狱中设法放话，说别的事情我都不怕，但如说我害死沈炼、杨继盛，我父子就难逃一

173

死。三法司听到了，果然中计，便以此定为他的主要罪名。徐阶看了审案的定稿之后，说道："这道奏章一上去，严公子就无罪释放了。"三法司忙问原因。徐阶解释理由：杀沈杨二人，是嘉靖皇帝下的特旨，你们说沈杨二人杀错了，那就是指责皇上的不是。皇上怎么可能认错？结果当场释放严世蕃，以证明皇帝永远是正确的。三法司这才恍然大悟，于是胡乱加了一个"私通倭寇"的罪名，就此杀了严世蕃。

但崇祯对于这样性质相同的事情却全然不顾。至于说袁崇焕"擅主和议"，无非也就是进行了和平性的试探而已，并非像他说的那样"擅缔和约"。袁崇焕当时提出的缔和建议当场就被朝廷否决，崇祯如果觉得他"擅主和议"是过失，那么，他当时又干什么去了？如果真的是有过失，当时就应加以惩处，为什么当时没有惩处他，反而还加他太子太保的官衔，自二品官升为从一品，又赐给他蟒袍、玉带和银币？又升又赏，"擅主和议"这件事当然就不算罪行了。这时关外的将吏士民不断到总督孙承宗的衙门去号哭，为袁崇焕呼冤，愿以身代之。孙承宗深信袁崇焕是无罪的，极力安抚祖大寿，劝他立功，同时上书崇祯，盼望以祖大寿之功来赎袁崇焕之"过"。崇祯却不予理睬。

一个没有任何功名职位的布衣程本直，在此时却显示了罕有的侠义精神。这样的事情，就算是在轻生重义的战国时代，也足以哄传天下。

程本直与袁崇焕素无渊源，曾三次求见袁崇焕都没有见到，到后来终于见到了，他对袁崇焕可以算得上是钦佩至极，于是便投在袁崇焕的部下为他办事，并拜袁崇焕为老师。袁崇焕被捕后，程本直上书皇帝，列举种种事实为袁崇焕辩白，请求释放袁崇焕，让他带兵卫国。这道白冤疏写得怨气冲天，最后申请愿意代袁崇焕去死。崇祯大怒，

袁
崇
焕

将他下狱，后来终于将他杀了，完成他的志愿。

大学士韩爌是袁崇焕考中进士时候的主考官，是袁崇焕名义上的老师，因此他也被迫辞职。御史罗万爵申辩袁崇焕并非叛逆，因而被削职下狱。御史毛羽健曾和袁崇焕详细讨论过五年平辽的可能性，因罢官充军。

当时朝臣之中，大约有七成的人是同情袁崇焕的，其余三成则只是附和皇帝的意思罢了，皇上说是对的，他们就跟着说是对的。其中主张杀袁崇焕的有首辅温体仁和兵部尚书梁廷栋。

温体仁是浙江乌程人，他和毛文龙本是同乡，袁崇焕杀了毛文龙，所以他一心想为毛文龙报仇。梁廷栋和袁崇焕是同年（万历四十七年）的进士，又曾在辽东共事。当时袁崇焕是他的上司，曾得罪过他。他小肚鸡肠，一直记恨着，这次既能报仇又能讨好皇帝，他当然是何乐而不为了。

随着时间的推移，阉党的余部和朝中的奸臣都开始助纣为虐，陷害袁崇焕。其中，用心最毒的有四人：礼部尚书、大学士温体仁，内阁首辅、大学士周延儒，兵部尚书梁廷栋和吏部尚书王永光，他们都是崇祯皇帝身边的红人，也是当时朝中位高权重的奸臣。崇祯皇帝生性多疑，刚愎自用。人人都说"伴君如伴虎"，崇祯皇帝恐怕是最凶狠恶毒最难待候的一只"虎"了。

崇祯身边掌权的太监，大都是在北京城郊有庄园、店铺等私产的，后金兵攻到的时候，在郊区焚烧劫掠，众太监的损失很大，大家都说是袁崇焕将敌兵引进来的。毛文龙在皮岛当东江镇总兵之时，每年饷金数十万，其中有一大部分根本就不运出北京，而是分给了京城在皇帝身边的用事太监们。袁崇焕把毛文龙一杀，众太监的这些收入都断

含冤而死——遭人陷害被磔示

绝了。所以，他们都记恨着袁崇焕。此外还有几名御史高捷、袁弘勋、史范土等人，也主张杀袁崇焕，他们却另有私心。当袁崇焕下狱之时，首辅是钱龙锡，他虽曾批评袁崇焕相貌不佳，但一向都很支持袁崇焕。高捷等人在天启朝附和魏忠贤。惩办魏忠贤一伙奸党的案子叫作"逆案"，高捷、史等案中有名，只不过罪名不重，还是有官做。钱龙锡是办理"逆案"的主要人物之一。高捷一伙想把袁崇焕这案子搞成一个"新逆案"，把钱龙锡攀进在内。因为袁崇焕曾与钱龙锡商量过杀毛文龙的事，钱并不反对，只劝他慎重处理。"新逆案"一成，把许多大官诬攀在内，老逆案的臭气就可冲淡了。结果新逆案没有搞成，钱龙锡却丢官下狱，被定了死罪，后来减为充军。

满桂部队最初败退到北京时，军纪不佳，在城外扰民，北京百姓不分青红皂白，把罪名都加在袁崇焕头上。

党派的冲突和谣言，个人的私怨和嫉妒，最终都交织成了一张诬陷的罗网，而最令人感到痛心的是：袁崇焕小时候的好伙伴加亲信谢尚政也诬陷他。谢尚政是东莞人，武举，袁崇焕到山海关，第一次上奏章就保荐他，说他是自己平生所结的"死士"，可见谢尚政是袁崇焕年轻时就结交的好朋友。他在袁崇焕的提拔下才得以升到参将。袁崇焕当时杀毛文龙，就是这个谢参将带兵把毛部士卒隔在围外。兵部尚书梁廷栋正因为想杀袁崇焕而找不到理由，于是，便授意谢尚政诬告袁崇焕，并答应他一旦袁崇焕的罪名成立，就升他为福建总兵。谢尚政竟然利欲熏心，不顾多年照顾他的袁崇焕，答应了梁廷栋的要求，出头诬告了这个平生待他恩义最深的主帅。以袁崇焕知人之明，但最终还是看错了谢尚政。要了解一个人，那是多么的困难！袁崇焕对崇祯的糊涂与奸臣的诬陷，或许并不痛恨，因为崇祯与众奸臣本来就是那样的人，但对于谢尚政的忘恩负义，一定是耿耿于怀吧！或许，他也曾想到了，就算是岳飞，也被部下大将王贵所诬告，因而构成了风波亭之狱。只是王贵诬告，是由于秦桧、张俊的威逼，而不是自愿的。谢尚政却是受了利诱，比较起来，谢尚政比王贵更卑鄙一些。可是谢尚政枉作小人，他的总兵梦并没有做成，不久梁廷栋以贪污罪垮台，查到谢尚政是贿赂者之一，所以他也没能逃脱，因此革职。

　　袁崇焕的罪名终究因为谢尚政的诬陷成立了，是所谓的"谋叛"。崇祯自始至终都没有叫杨太监出来做证。"擅杀毛文龙"和"擅主和议"两件事情的理由都不充分，崇祯无论如何都难以自圆其说，终于也不再提了。本来定的处刑是"夷三族"，意思就是说要将袁崇焕全家、母亲的全家、妻子的全家都满门抄斩。余大成知道后，就去威吓主理这个案子的兵部尚书梁廷栋说："袁崇焕并非真的有罪，你我都清楚。只不过是后金兵围城，皇上震怒。我在兵部做郎中，已换了六位尚书，亲眼见到没一个尚书会有好下场。你现在做兵部尚书，你能保证今后后金兵不再来犯吗？今天如果你诛灭了袁崇焕三族，造成了先例，那么，后金兵若是再来，梁尚书，你还是先顾及一下你自己的三族吧。"梁廷栋给这番话吓怕了，于是和温体仁商议设法减轻处刑，改为袁崇焕凌迟，其七十几岁的母亲、弟弟、妻子和几岁的小女儿流放两千里。母家、妻家的人就不牵累了。

　　"凌迟"规定是要割一千刀，要到第一千刀时才能将人杀死，否则刽子手就会被判为有罪，这就是所谓的"千刀万剐"。所以骂人的时候，"杀千刀"是最恶毒的咒骂。这是袁崇焕个人的悲哀，更是专制统治下不辨是非黑白、只知盲从的全体民众的悲哀。

　　袁崇焕在临死之前还写了一首《绝命诗》。

一生事业总成空，半世功名在梦中。

死后不愁无勇将，忠魂依旧守辽东。

如果说，熊廷弼被处死并传首"九边"示众让明朝边关将士感到寒心的话，那么袁崇焕的惨死就让所有明军将士都彻底绝望了。难怪此后无论是对后金还是对李自成农民军，明军都士气低落，节节败退。袁崇焕死后，后金八旗兵沿着第一次攻战路线，多次深入北京周边地区，攻城略地，抢劫粮食财物。辽东明军将领洪承畴、祖大寿等人最后都投降了，用叛变行为回答了崇祯皇帝的薄恩寡义与残酷无情。人心向背已发生根本变化，这都是崇祯皇帝自己一手造成的，亡国丧命是顺理成章的事。自从袁崇焕死后，明朝边防更缺乏能征善战的将帅了，明朝灭亡的迹象在此时已经暴露无遗，这就是《明史》对袁崇焕所做的不失公允的"盖棺定论"。

崇祯规定袁崇焕死后任何人都不能帮他收尸，袁崇焕死后，骸骨弃在地下，无人敢去收葬。只有一个叫佘三的义士，半夜去偷走了骸骨，收葬在广渠门内的广东义园。隔一道城墙，广渠门外的一片广场之上、城壕之中，便是八个半月之前袁崇焕率领将士大呼酣战的地方。他拼了性命击退来犯的十倍敌军，保卫了皇帝和北京城中百姓的性命，却落得如此可悲的结局！

忠　贞　不　渝

后世得平反

甲申年 (1644 年) 四月，李自成率军进攻北京，崇祯则自缢在煤山上，南明朝廷的大臣们又面临着解决王朝继统的问题。北京的这次劫难，崇祯的三个儿子没有一个逃出北京，只好从藩王中挑选。而当时藩王中尚存的神宗直系子孙，有福王、惠王、瑞王、桂王四人，后三者分别在广西、四川，地处僻远，离南京近的只有从河南逃来的福王朱由崧和旁系的侄儿路王朱常芳。阉党阮大铖与凤阳总督马士英密谋此事，阮大铖建议立福王朱由崧。其时福王有昏庸之名，但是阮大铖、马士英认为这样的皇帝更容易控制，于是就联络总兵黄得功、刘良佐、高杰、刘泽清等实力派，宣布拥立福王。兵部尚书史可法却认为立福王有"七不可"，即贪、淫、酗酒、不孝、虐下、不读书、干预有司，这种人做了皇帝一定会祸国殃民。然而，福王朱由崧被马士英等人早早迎入南京，史可法与高弘图无奈，也只得加入了奉迎的行列。南明控制的区域，东自黄河下游以南，西迄武昌长江以南，其物力、财赋、人力也比清廷所控制地区雄厚。当时南明设江北四镇，共拥兵 30 万。

武昌的宁甫侯左良玉，拥兵 20 万。

福王继位之后，组成了东林党和阉党混合的内阁，阉党因为拥戴有功，掌握着朝廷的权力，竭力排挤、打击东林党人，史可法因受到排挤，离开了南京，督师扬州，高弘图则被迫辞职。阮大铖入朝后，任兵部尚书，借作"顺案"之名，恢复了特务机构东厂，处死了东林党和复社人士。史可法曾上书要求给士兵加饷，然而马士英却将奏折扣下，将史可法的士兵的薪水全扣了下来。当时众将怂恿史可法反南京，以"清君侧"为名，将马士英杀掉，但史可法以大局着想，没有同意。朱由崧在政治上毫无作为，生活上荒淫透顶，政事全委托给马士英处理。

皇帝如此，大臣们当然也毫不逊色。将领们一样也只知道吃喝玩乐，对现状毫不关心，也毫不了解。江北四镇中，二刘的兵只能"虚夸不中用"，唯高杰的兵战斗力强。高杰这个人凶悍桀骜，却毅然拒绝清肃王"大者王，小者侯，世世茅土"的诱降，疏请以己重兵驻归德，冒着大雪，沿黄河筑墙，专力防御清兵，并联络河南睢州总兵许定国"以奠中原"。不料许定国却暗通清兵，他设计在酒后谋害了高杰，渡河降清，并引清兵至仪封。就在清兵迅速南下形势危急的时刻，拥有数十万重兵、镇守武昌的左良玉，发兵南下，要"清君侧""除马阮"。马士英却公然提出："宁可君臣皆死于大清，不可死于左良玉之手。"当时有人抗言："淮扬最急，应亟防御。"马士英命令"有议守淮者斩"，朝议之后，竟诏史可法尽撤江防之兵以防左。史可法扼守扬州，以身殉国。他的顽强抵抗招致清兵的"扬州十日"大屠杀。

明朝灭亡后，1646 年 12 月在广东肇庆建立的南明永历政权曾经为袁崇焕平反。然而不到一年，永历政权就覆亡，因此这次平反的影响十分有限，袁崇焕的冤情还是鲜为人知。时隔 50 多年后，清朝步入了康熙盛世，满汉民族仇杀的伤口逐渐愈合，原来属于军政机密的历史档案逐步公开。康熙二十一年 (1682 年)，清朝向全国颁行《钛宗文皇帝实录》，皇太极在南苑密设反间计、纵杨太监归明等细节公诸天下。到这个时候，袁崇焕沉埋 53 年的冤情才真相大白。又过了近 100 年，乾隆四十五年 (1780 年)，乾隆皇帝校阅《明史》，了解到袁崇焕的冤案，感慨万分，对身边的大臣们说："袁崇焕在辽东做将帅期间，虽然与我大清为敌，但他忠于自己的国家和守卫边疆的职责，在明朝政局混乱、皇上不辨真假的情况下遭受惨刑而死，实在可惜，令人同情。"乾隆皇帝下令有关官员查明袁崇焕子孙后代的情况，向他奏报。一年后，清朝广东巡抚尚安将查明的情况报告了乾隆皇帝。袁崇焕没有儿子，由嫡系堂弟袁文炳的儿子继承香火，到这时已传承五代，有一个叫袁柄的五世孙，略识文字，明白事理。根据尚安的奏请，乾隆皇帝批准按照安置熊廷弼后代的做法，补选袁柄为低等官吏。同时，为袁崇焕及当年冒死替袁收尸埋葬的佘氏修建坟墓，表彰两人的忠义气节。袁崇焕的冤案算是真正得到了平反。

到了民国初年，康有为出面，各界人士在袁崇焕的墓旁建立袁祠。1984 年，经佘家传人佘幼芝争取，北京市政府将袁墓、袁祠列为文物保护单位。2002 年，耗资 500 万元迁出其中的居民，全面维修，并于当年 11 月对外开放。佘家 17 代人历时 372 年为明朝杰出将领袁崇焕守墓的感人事迹经媒体披露后，在社会上引起很大反响。

附录

袁崇焕生平大事年表

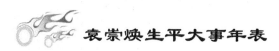

袁崇焕生平大事年表

万历十二年〔1584 年〕

四月二十八日戌时，袁崇焕出生。

万历二十五年〔1597年〕14 岁

袁崇焕应广西藤县试，补弟子员，取得科举考试的入门资格。

万历三十四年〔1606年〕23 岁

袁崇焕在广西省城桂林应乡试，中举。

万历四十七年〔1619年〕36 岁

二月，袁崇焕第四次参加科考，中进士。

三月，明朝兵败萨尔浒，后金取得关键性胜利。

泰昌元年〔1620年〕37 岁

袁崇焕任职福建邵武知县。

天启二年〔1622年〕39 岁

正月袁崇焕入京朝觐，升兵部职方司主事。

二月监军关外。

三月升为山东按察副使。

六月重建山海关外中前所、前屯卫，安置辽东流民，坚持修宁远卫城。

八月，任永平道，辖山海关、石门寨二道。

天启三年（1623年）40岁

二月，平定蒙古兵变。

九月，驻守宁远，制定宁远卫城规制。

天启四年（1624年）41岁

七月，袁崇焕父亲袁子鹏病故，上三疏请回乡赛制，不允。遂上《遵旨回任疏》表达恢复辽东失地的抱负和决心。

九月，宁远卫城竣工，在孙承宗率领下东巡广宁，威慑后金。随之升任兵备副使、右参政，被吏部列为巡抚候选人。

天启五年（1625年）42岁

夏，与孙承宗商议，分兵驻守锦山、松山、杏山、右屯、大小凌河，形成山海关—宁远—锦州防线。

九月，辽东总兵马世龙偷袭耀州不遂，兵败柳河，袁崇焕邀截关外逃兵，稳定军心。

十月，袁崇焕不听从兵部尚书、辽东经略高第撤军回防山海关的命令，坚持孤军守卫宁远城，誓死与宁远共存亡。

十二月进按察使。

天启六年（1626年）43岁

正月，努尔哈赤大军来攻宁远，袁崇焕率军坚守，取得宁远大捷。

三月，升右佥都御史，巡抚辽东、山海。

六月，上三疏请辞升荫。

八月，上疏陈"坚壁清野以为体，乘间击惰以为用"之守城法。

十月，派李喇嘛前往沈阳以吊丧并贺皇太极继位之名刺探军情。

十一月，疏请屯田。

天启七年（1627年）44 岁

二月，上疏乞归，不允。

五月，皇太极率兵来攻，袁崇焕坚壁清野，取得了宁锦大捷。

七月，因功高受魏忠贤排挤，上疏乞休，南归乡里。

八月，天启帝驾崩，崇祯帝继位。

十一月，崇祯帝赐死魏忠贤，惩治阉党，起用袁崇焕为都察院右都御史、兵部右侍郎。

崇祯元年（1628年）45 岁

四月，升兵部尚书兼右副都御史，总督蓟、辽、登、莱、天津军务，驻扎山海关。离粤赴京，与粤东名士饯别，留有《东莞袁崇焕督辽饯别图诗》。

七月，平台与崇祯奏对辽东方略，走马上任，督师蓟辽。

九月，请发欠饷 78 万两，崇祯从之。

崇祯二年（1629年）46 岁

六月，袁崇焕斩毛文龙，统一关内外兵权。

七月，与皇太极多次书信斡旋，争取时间重修防线。

十月，皇太极再次举兵，绕道蒙古，避过山海关，直击京师。袁崇焕加太子太保，率 9000 轻骑飞驰至广渠门救驾。

十一月，再次击退后金军，皇太极使反间计。

十二月，下狱，祖大寿带兵离京而去，袁崇焕手书召回，再次击退后金围兵。

崇祯三年（1630年）47 岁

四月，皇太极撤军。

9月22日，兵部尚书、蓟辽总督袁崇焕在北京西市遭凌迟而死。